ネイティブ12人

Don't worry, be happy!

本当は
ちゃんと通じてる！
日本人エイゴ

カン・アンドリュー・ハシモト◎著
Kan Andrew Hashimoto

はじめに　――僕について、この本について――

僕は、音楽を作る、という仕事を長いことしてきた。音楽にとってピッチ（音の高さ）とリズムは文法だと思う。だからそれらが正しくないと表現したいことをきちんと伝えられない。ピッチやリズムが正確であることは音楽をやるうえでの大前提だからね、音楽学校で教えていた頃、僕は生徒さんたちにそんなことまで言った。だけどこの本を書く機会をもらって、僕はそれを反省した。ピッチやリズムが正確ならそれだけでいいのか、音楽は思いを伝えるための表現方法のひとつだったはずだ、音楽のための音楽じゃなくて思いを伝えるための音楽をやろうよ、僕はあの頃、彼らとそんなことも話し合えばよかったな。

「この英語では伝わらない」「この表現は使わない」という定説を今回この本を担当してくれた編集者がいくつも見せてくれた。納得できるものもあったし、よく分からないものも多かった。「学校で習った表現のうち、こんなにたくさんの例文がダメだと言われているんですよ」と彼女は言った。「そんな説なんて無視して自分の言い方で言えばいいんじゃない？」と本当は僕は思ったけど、彼女の真剣な目を見ていると言えなかった。この文が正しいのか、そうじゃないのか、知りたいと言う。だから出版社の1階の喫茶室で僕はその例文を見直してみた。文法が間違っているものもあったけど、どこが使ってはいけないと言われる理由なのかさっぱり分からないものもあった。英語を母語とする僕の友人たちにも聞いてみてほしい、と彼女は言った。そういう企画だった。実は僕はこの点にとても惹かれた。なるほどそれは面白いな、僕も聞いてみたい、と正直にそう思った。California にいる弟一家や、2、3年会っていない LA のミュージシャンたち、Milwaukee にいる従兄弟、NYC に行くたび泊めてもらっていた友人たちにもこれを理由に会いにいけるかな、などと考えて嬉しくなった。(自費で行くつもりでしたからね) 実際にはそんな時間はなかったけど、これを機会に様々な意見を聞くことができて、僕自身学ぶことも多かった。

定説の話に戻るよ。この本で紹介するいくつもの定説、それが日本に存在する理由は2つあると思った。1つは日本人の「正確であることを好む」という性格。それが Toyota のプリウスや Sony の技術を生んだ理由に違いないと僕は信じているのでそれ自体は悪いことじゃないと思う。もう1つは日本では多くの場面で英語が「英語のための英語」になっていること、それも大きな理由じゃないかと思う。

「英語のための英語」ってどういうことかと言うと、つまり「communication tool としての英語」ではなくて「英語という言語に関する知識を増やすための研究素材としての英語」という意味。僕自身も英文法の音声教材を作ったり、英語を教える人のためのDVD の制作をしたり、カルチャースクールで英語発音クラスの講師をしたり、様々な場所で英語教育に関わる仕事をさせてもらっているので偉そうなことは言えない。だけど文法や発音を気にしすぎると何も話せなくなってしまうんじゃないかと僕はずっと思っていた。今も思っている。

Wisconsin 州の僕が育った地域には、2 世代以上年上の人たちにスイスからの移民が多かった。僕にとって祖父母の世代だ。彼らの母語はフランス語だったから彼ら同士で話すときはフランス語だったけど僕たちには英語で話した。特徴的な発音だったし、文法も正しくないこともあった。granny language と呼んだりしていたけど、笑ったりバカにしたりする気持ちはなかった。特に女の子たちはおじいちゃんのフランス語訛りの英語に憧れて、マネをしたりしていた。英語で話してくれていても特に名詞がフランス語のままだったりするので分からないことも少なくなかった。でも A の言い方でダメなら、B の言い方を試してくれた。誰かが言うことを理解しようという気持ち、言語は思いを伝えるための道具であること（お互いの母語が違う方がそれを実感できる）、僕はこのおじいちゃんたちから学んだような気がする。

言語は native speakers たちだけのものじゃない。その言語を使ってコミュニケートしようとするすべての人たちのものだと思う。この言い方は違うかも、この文法で合ってるかな、などと思わずにまずは話してみてほしい。大丈夫、たいていの場合、言いたいことは伝わるんだから。「？」という顔をされたら別の言い方も試してみればいいだけ。Progress always involves risk, you can't steel second base and keep your foot on first.（進歩はいつだって risk を伴う、1 塁ベースに足を置いたまま、2 塁に盗塁はできない）by Frederick B. Wilcox

この本を作ることで僕は大切なことをいくつも思い出すことができた。その機会に恵まれて僕は幸せだと思う。最後に協力をしてくれた多くの友人たち、そして大変な忍耐力で僕に付き合ってくれた担当編集者の H さんに最大限の感謝をしたい。どうもありがとうございました。Thanks a billion! ☺

Kan Andrew Hashimoto

CONTENTS

第3章　ネイティブだって「人それぞれ」だよ

――――心配しすぎはもったいないね　正解は1つじゃないから！

●テーマフレーズ●

第4章　話し言葉の文法、そこまで厳しくないって

――――もっと気楽に口に出したら？　会話は文法より易しいかもよ

●テーマフレーズ●

ネイティブ72人に
アンケートに答えてもらいました

この本で取り上げているフレーズについて、**ネイティブ（英語を母語として使用する人）72 人にアンケートを実施**し、「意味は通じるか」「どんな印象を持つか」等を判断してもらいました。アンケート結果は円グラフで示してあります（各フレーズのページをご覧ください）。

●アンケートについて●

1 つ 1 つのフレーズについて、「**英語を母語としない人（明らかに外国人とわかる人）が、次のフレーズを言ったとします。あなたはどう思いますか？**」と質問。○△×で答えてもらいました。判断の基準は次の通りです。

○ 全く問題ない。どこにも間違いはない。普通に理解できる。

△ やや不自然だが、許容範囲と考える。文法的には不完全だが、意味は通じる。状況や言い方にもよるが、話者の意図は推測できる。

× 何を言いたいのかわからない。その言い方では誤解や混乱を招くと感じる。あるいは極めて無礼に聞こえる。

●回答者について●

【どこ出身？】

・アメリカ：38 人　・イギリス：17 人
・カナダ：11 人　・オーストラリア：3 人
・インド：2 人　・香港：1 人

計 72 人

次のページでさらに詳しく

●回答者について●

【男女の内訳は？】

・男性：40 人

・女性：32 人

【年齢は？】

・20-29 歳：13 人

・30-39 歳：17 人

・40-49 歳：23 人

・50-59 歳：14 人

・60 歳以上：5 人

【日本に来たこと・住んだことは？】

・来日経験なし：37 人

・短期滞在経験あり（旅行・出張含む）：7 人

・日本在住（5 年以上）：28 人

回答者からは意外なコメントや面白い意見をたくさんもらいました。
円グラフに添えて紹介していますのでぜひご覧ください。

第1章

学校で習ったのが
間違い英語だって？

「間違いだらけの学校英語」？

「教科書英語は使えない」？

こういうのって、巷でよく見かける文句だよね。

目にするたびに、せっかく勉強したことが

無駄になってしまった気がしないかと思う。

僕は英語教育のベテランじゃないから

事情をすべて知っているわけじゃないけど

そこまで大問題？　ホントに間違ってるの？

というわけで、僕と72人のネイティブ・スピーカーが

「問題な」学校英語をチェックしてみたよ！

その一言、本当にマズイわけ？

知ってる英語が「相手に通じない」となれば、そりゃ誰しもへこむよね。ところで、どんな表現が気になるの？

定説

相手に「どうもありがとう」。そのとき ——

Thank you very much. は

嫌味っぽくて**大間違い**。

これじゃ**感謝は伝わらない**。

えっ、気持ち込めてんですけど？

どうなのカンさん！

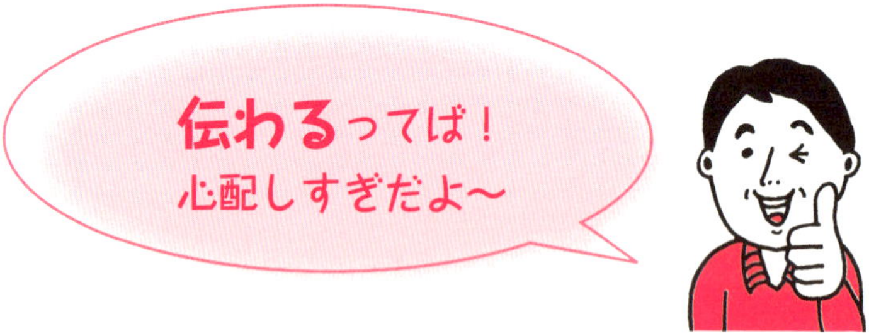

Thank you very much. がどんなに多くの人に使われて、かえって嫌味っぽく聞こえる言葉だとしても、**心を込めてそう言えば気持ちは伝わる**と思うな。ちなみに僕には Thank you very much. が嫌味に聞こえることはない。今回この本のために協力してくれた多くの友人たちには「気持ちが伝わらなくてダメ」と答えた人はひとりもいなかった。California で医者をしている僕の弟は「患者さんから Thank you very much. と毎日言われてるよ」と笑っていた。

Thank you very much. の他にも Thanks. や Thanks a lot. などの言い方があるけど、少し casual になるくらいの違いで意味は同じ。Thank you SO much. と SO を強く言うことで感謝している気持ちを強調する言い方、最近は mail でも見るようになりました（友人同士の間ね）。

ちなみに International school で校長先生をしていたイギリス人の友人は Thanks a million. とよく言う。とても感謝しているときの言い方で、使い方によっては大げさに捉えられてしまいそうだけど、彼女の個性に合っているから、大げさ過ぎてイヤだな、と思ったことは僕は一度もない。
とても感謝している、と言いたいとき、僕は I appreciate it. と言うことが多いかな。特に mail ではよく使う。僕自身は上の 6 コのなかでは Thanks a lot. を使うことが一番多いと思うけど、どんな言い回しを使うかは、やはり状況によると思う。

例えば、この本の原稿のために相談に乗ってくれた友人たちに――彼らは昼間、仕事の合間にわざわざ family restaurant などで 1 時間以上時間を作ってくれた――別れるときに言った言葉は僕が最も多く使う、Thanks a lot. ではなく Thank you very much. だった。そういう状況で Thanks a lot. は少し軽いような気がしたから。

もしも Thank you very much. がダメというような状況があるんだとしたら、これと逆の状況かもね。どんな状況だろう？　僕は今、紅茶を飲みながらこの原稿を書いている。カップには 30 分も前から tea bag が入っている。それをカップの外に出したいなと思ってるけど、なんとなくそのまま原稿に向かっている。そこに隣から誰かが tea bag rest を出してくれた。そんなときに僕が言うのは “Oh, thanks.” だと思う。tea bag rest を出してくれた人が部下か恋人か家族だったとして、その人に僕が “Thank you very much.” ということがあるとしたら、その人は普段は絶対に僕にそんなこと（tea bag rest を出す）をしたりはしないのに、**今日はなぜかそうしてくれた**ときかな。「**え、どういうこと？　何かあった？　何か話があるのか欲しいモノがあるのかな？**」と思いながら、僕がそう言うことが考えられる。

Thank you. ってとてもいい言葉だと思うのに日本の人って Thank you. って言うこと、苦手だよね。「君の車、すごくカッコいいね！」と僕。「イヤイヤ、あれもう 10 万キロも走ってるから」がその答え。僕は走行距離を尋ねたわけじゃないよ。「○○さんの字は本当にキレイですね」と僕。「とんでもない、私、パソコンで請求書を作ることができないだけです」とその人。パソコンを使いこなす能力と文字をきれいに書く能力の関係は僕には分からない。僕はただあなたの書く文字が美しいと言いたかっただけなんだけど。
もちろんそれらの背景には「おくゆかしい」を大切にする文化があることを僕は知ってるよ。つまりこれらの会話が日本語で行われたから僕が「?」と感じただけで、これらは間違っている会話ではない。だけどそれを英語にすると相当奇妙な感じになる。つまり**言語は文化も引き連れてくる**ってことが分かるよね。外国語を知ることで出会うステキなギャップだと思う。

別の例。僕はある私立の学校のために、英語の教科書に付属する CD をもう何年も作ってきた。去年その学校の先生がその CD をとてもほめてくれた。“My students love these CDs. You did a wonderful job.” と言ってくれた。僕は嬉しかった。“Thanks, I know they're good.” と僕は答えたが笑われてしまった。その後でその先生から「そんなことありません、と答えるのが日本のマナーなのよ」と言われた。だけどもしもそのとき僕が “No, they're not good.” と答えたらどうだったのだろう。つまり**ほめられたら、ありがとう、と感謝の気持ちを答えるのが英語圏文化の習慣だから、会話が英語で行われたなら英語圏の習慣で返事をしていいんじゃないか**と思う。話がとても脱線したかな。

感謝の気持ちを伝える表現は英語にもいくつかある、細かなニュアンスの違いはもちろんあるけど、**心を込めて使えば（←これが大前提ね）その中でどれを使っても別に構わない**と思う、というのが僕の考え。途中で脱線もしてしまった、こんな長くなってしまったこの話を最後まで読んでくれて、Thank you very much!

ネイティブに聞いてみたよ〜♪

Thank you very much. を
どう思う？

全く問題ない！　○

ご覧のように、回答者全員、「問題ないよ！」と答えたよ。キミも安心して使ってごらんよ。

「どこが悪いの？　極めて標準的な言い方よ」
（アメリカ人・女性）

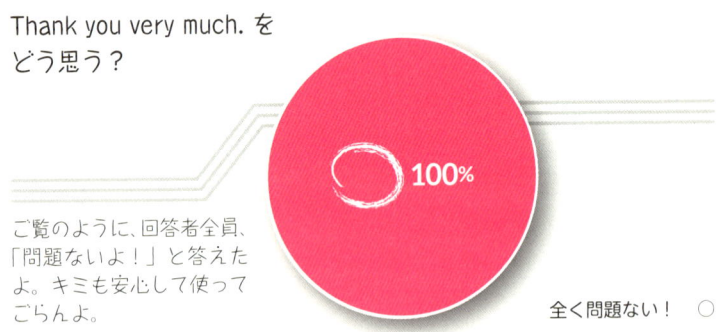

「ありがとう」と感謝されたら、きちんと返事をしたいよね。

Q

「どういたしまして」と返すとき ――

You're welcome. は

ダメなんですか？

上から目線で高慢に聞こえるとか……。

そう言えって習ったけどなー

教えてカンさん！

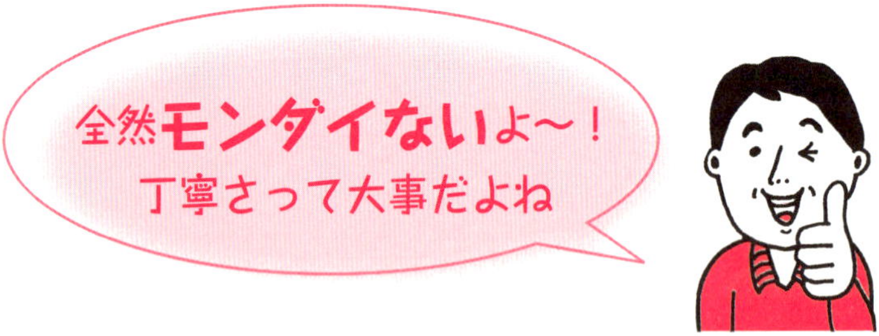

You're welcome. がダメな理由って分からないな。Thank you. または Thank you very much. と言われて、返す言葉としてはそれが一番一般的な言い方だよね。特に仕事のつき合いとか、あまり親しくない間柄のとき、polite expression（きちんとした言い方）をしなければならない状況のときは、この言い方が一番ふさわしいんじゃないかと思う。じゃ、友人同士とか家族、恋人との会話なら？と聞かれても僕の答えはあまり変わらない。You're welcome. でマズイことはない。

ちょっと不自然に聞こえる状況はどんな場合だろう、と考えてみた。例えばこんな場面はどうだろう。カフェで友人と昼ご飯を食べた。お互いに仕事の合間、昼休みに出てきたから、食事が終わって少しだけ休んだらオフィスに戻る。友人は僕より先にレジに向かった。僕も自分の財布を持って席を立とうとする。そのときに僕は彼のiPhoneがテーブルにあるのを見つけた。僕は彼に声をかける。「iPhoneを忘れてるよ」彼は小走りにテーブルに戻ってきて僕に言う。“Thanks, Kan.” 苦笑いしている彼に僕が言うのはきっと **“That's OK.”**

You're welcome. じゃない理由は、電話を見つけたから声をかけただけで**そんなことは当たり前のことだし、大したことじゃないから**。盗んでしまおう、と思うわけがないんだから、誰だって同じこと（「忘れてるよ」と声をかけること）をするよね。それが理由だ。つまり「ありがとう」「どういたしまして」の状況がとても軽い感じのときは、You're welcome. じゃなくてもいいんじゃないかとは思う。でも**「じゃなくてもいいんじゃないかと思う」だけであって、You're welcome. でもまったく問題はない**。バカていねいで奇妙だ、という意見があるかもしれないけど、僕はあくまで言い方がkeyになると思うんだ。iPhoneを忘れたこの状況であっても、軽くYou're welcome. と言えば別に奇妙、おかしい、ということはまったくない。

前のページで紹介した、That's OK. の他にも「ありがとう」の言葉に返す言葉として、**Not at all.** や **No problem.** という言い方もあるけど、それらはみな、You're welcome. を casual にした言い方だよね。逆に仕事の場面とか、きちんとした言葉づかいをする場面では使い方を気をつけなければならない場合があるよ。

携帯電話のメール（texting と言います）では、Thank you. の意味で "TY"、No problem. の意味で "NP" と文字を打つ人もいるけど、これは親しい間柄じゃない限りやらない方がいい。携帯電話では文字を打つのが面倒という理由で使われることがある略語だけど、あまり使いすぎると子供っぽいし、ちょっと知性が低いと思われてしまうかも。僕も親しい友人や家族にしかそれは使わない。

つまり何を言いたいかっていうとね、僕は**ていねいに言うことで悪いことはない**と思うんだよね。え？　ていねいに言うなら「悪いことはないと思います、って言いなよ」って？　あ、はい、その通りです…。Thanks! I welcome your advice!

ネイティブに聞いてみたよ～♪

You're welcome. と
言われたら？

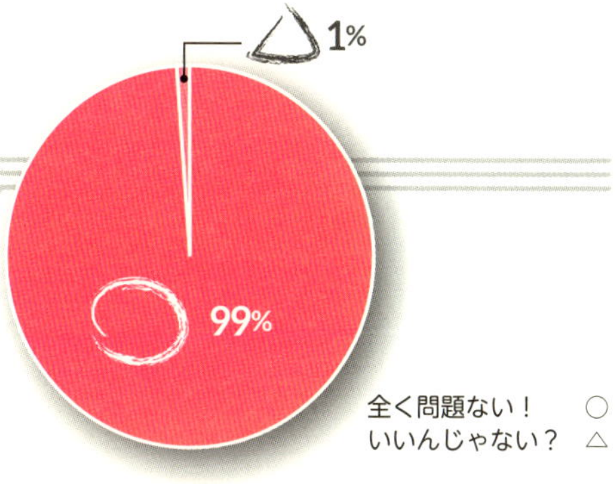

スタンダードな言い方だということがよく分かる結果だね。意図してエラそうに「上から目線」で言わない限り、誰も気にしないって。それに、キミはそんなイヤな言い方しないでしょ。

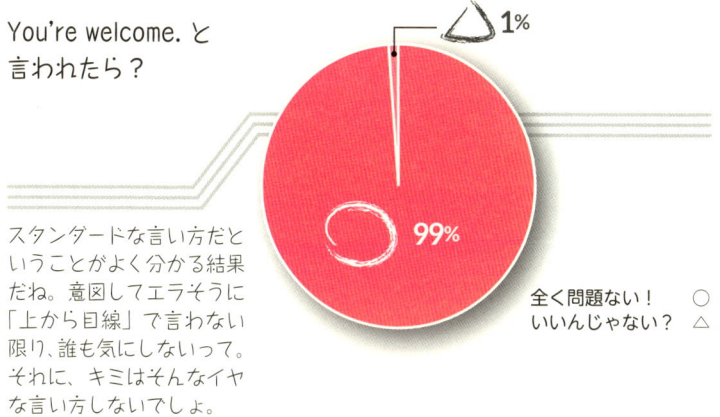

次のお題は？　あ、会話でよく使うアレね。

マジ!?

聞き逃したときの必須表現

Pardon?（もう1度お願いします）

これ、**すごく失礼**なの !?

「ナニぃ、もう1度言ってみ？」

と、とがめる言い方だって！

それじゃ何も聞き返せないよ～

助けてカンさん！

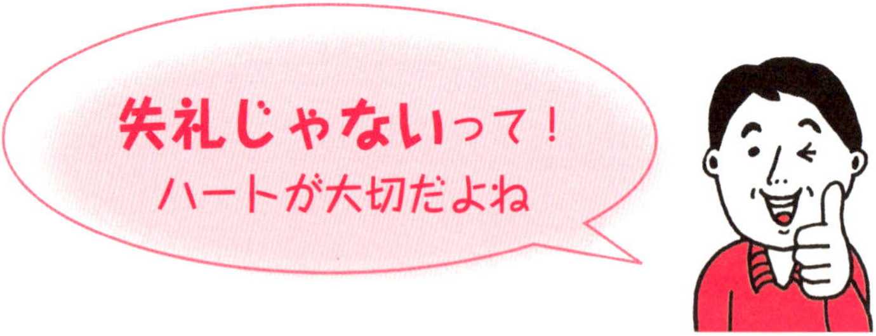

体育の授業中だったと思う。校庭で先生に何かを言われたけど、僕にはそれが聞き取れなかった。だから僕は先生に言った、“What was that?”（これ、文末を上げて言います）ニュアンスは「え、何って言った？」という感じ。それを学校に来ていた僕の母が聞いていて、（朗読会の本を選ぶとか、バザーに出す服をたたむとか、学校用品を子供たちに配る手伝いをするとか、様々な理由で彼女はほぼ毎日のように学校に来ていた）僕は家に戻ってから母にこう言われた。「Pardon? か Pardon me? と言わなきゃダメよ」。僕は思った、「そんな大人みたいな言葉づかいをしたらみんなに笑われるよ」。でも僕はすべてのことを深く考えない happy な子供だったので “OK, I will!” と答えた。本当は僕がなんと答えたのかはよく覚えていないんだけど、「そんなのヘンだよ」と思ったのは覚えている。

今でも家族や友人のように近い関係なら、聞き返すとき僕はこう尋ねる。“Huh?”（←これ、あまり良くない）とか “What's that?” とか “What did you say?” と。Pardon? はこんな言い方よりもずっとていねいな言い方だよね。だけど、もしもそれが古い言い方だ、と言うなら、そうかもしれない、とは思う。子供のころは、僕は使わなかったけど、よく聞く言い方だった。それに比べると今では確かにそれほどは聞かないような気がする。でも奇妙な言い回しではまったくないし、ていねいな言い方はいくつ覚えておいてもいいんじゃないかな、と思う。

Excuse me. Could you say that again?（すみません、もう一度言ってくれませんか？）これはさらにていねいな言い方だよね。Excuse me. の部分を Pardon? に置き換えることもできる。そして Excuse me. や Pardon? のあとにそれを補足することを伝えられたら誤解はないはず。Pardon? I didn't catch that.（何て言ったんですか？　聞き取れませんでした）、Excuse me. What did you say?（すみません、何て言いましたか？）のように。どちらにしても、うまく伝わっていないかも、と思ったらそれを補足するためにもうひとこと付け足してみる、というのはどうだろう。

言い方が大切という話をまたしたい。**同じ言葉でも言い方が違えば、まったく別の意味を表現できる**という例を。ずいぶん前のことだけど、僕はアパートの大家さんにお歳暮とかお中元とかそういう理由で世界各国のビールを自分で買い集めて（ワルシャワで買った地ビールとか、ロンドンのパブで買った珍しいビールとか）プレゼントしたことがある。大家さんは僕の目の前でその中から１本を開けて飲み始めた。そしてこう言った。「あぁ、やっぱり日本のビールが最高、他は飲めんな」大家さんは高齢だったけど気むずかしいところはない、とても気さくなおじいさんで、口調には嫌みも皮肉もなく笑顔で僕にそう言った。失礼だと思ったけど腹は立たなかった。ただ思ったことが彼の口から出ただけだと僕は感じたから。だけどもしも僕が怒ったとする。「何ですって？」と思ったとする。その気持ちが言葉になったら、それは “Excuse me?” または “Pardon?” であるはず。言い方を文字ではなかなか表現できないけど、ゆっくりと、力強く、怒りを持って “Excuse me?” または “Pardon?” と言えば、その言い方になる。

つまり**文字にすればまったく同じフレーズでも、言い方によって全然違う意味になる**よね。そしてその「言い方」は、**それを言うときにセリフの奥にあるその人の「気持ち」によって作られる**はずだよね。ややこしいことを言いたいんじゃなくて、要するに**気持ちを込めて言えば、例えばていねいすぎても、多少乱暴な言い回しであっても、問題はないんじゃない？**ということ。If you'll pardon the expression, nothing's wrong.

ネイティブに聞いてみたよ～♪

Pardon? と
聞き返されたら？

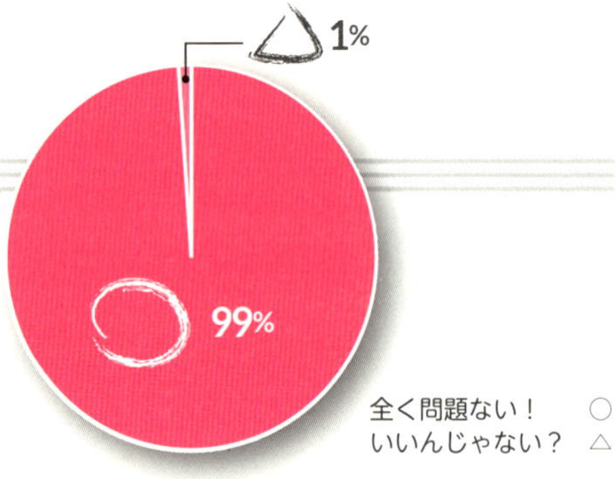

普通の口調で聞き返す限り、「とがめられたみたい」って感じる人はほぼいないよ。こんな感じだから、キミも気軽に使ってごらんよ。

「言い方」つながりで、もう１つ行ってみよう。

定説

感じ良く断りたい。そのとき ——

No, thank you.

（いいえ、結構です）は

あなたの**印象を悪く**する。

怒っていると思われる。

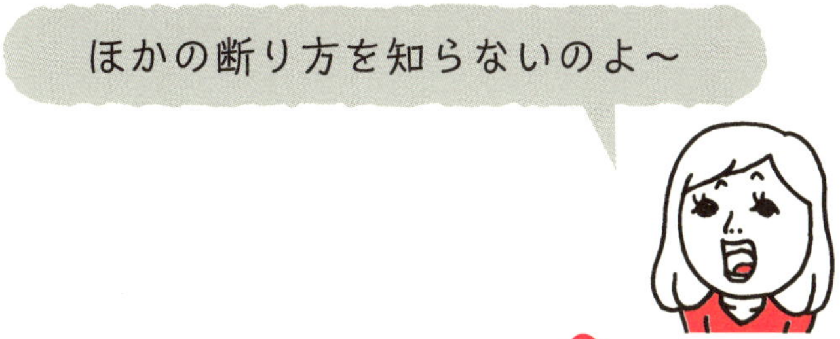

どうなのカンさん！

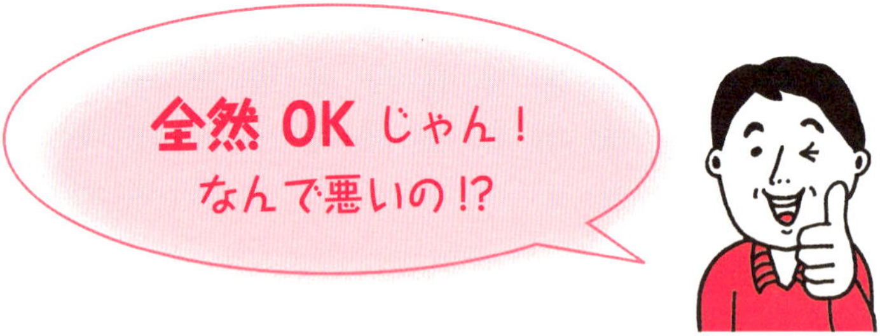

何かを断るときに、No, thank you. と言ってはダメ、という定説がある、と聞いて僕はちょっと驚いた。「日本では学校で習う最も一般的な表現なのに、この言い方は良くないという意見はウェブなどでもよく見ますよ」編集部の人たちはそう言っていた。えええ、そうなの？と僕は思った。**「最も一般的な表現」というならアメリカでも同じだよ。**この言い方を学校で習うか、というとちょっと違うかもしれないけど、例えばこんな状況で学んできたと思うんだ。子供のころ夏休みに僕は母の実家を家族で訪ねた。夕食には子供たちの好きな食事しか出てこないし、デザートも山のように出てくる。夕食後、兄弟みんなお腹いっぱいになりながら「やっぱりおばあちゃんちは最高だ、地下に行ってビリヤードでもやる？」と話していたとき、おばあちゃんが笑顔でこう聞いた。「もっとパイが欲しい？」そんなとき子供たちはみんな誰でも、“No.” とか “Uh-uh.” と答えていたと思うんだ。それを聞いて親は必ずこう言った、**“No, thank you.” と言いなさい**って。

ただ、もしも定説の味方を僕がするとしたら、**理由は言い方にあるんじゃないか**と思う。例えばコンビニやレストランで僕がときどき思うこと。会計が終わって店の人は「ありがとうございました」と言ってくれているのに、僕と目は合わさないし顔も笑っていない（みんながそうというわけじゃないけど）。「あの…、あなたは何か僕に怒っているのでしょうか？」と僕は聞きたい。でも怒っているわけじゃないんだよね、当たり前だ。それは文化の違い。同じことは日本の人が英語を話すときにも言える。**英語で話すとその人が日本人でも英語圏の文化で判断されてしまう。**だからコンビニの店員さんが無表情で「ありがとうございました」と言う、あの言い方で No, thank you. と言うと、「怒ってるのかな？」と思われることがあるかもしれない。

今回、アンケートに協力してくれた友人の中でこんなことを言った人がいた。「**笑顔で言えばいいんだよ**、笑顔で No, thank you. と優しく言えば、まずいことは何もないよ」彼はそう言いながらアンケートの紙に大きく☺を書いた。何度も繰り返して言うけど、やっぱり言い方が大切。そう彼も言っている。「No, thank you. の後に I'm full.（お腹がいっぱいだから）のように**理由を言えば、誤解も失礼もない**んじゃないかな」と彼は付け加えた。僕もそう思う。

僕自身は何かを断るときにどう言うだろう、と考えてみた。「コーヒー、もっといる？」と聞かれて断るとき、**I'm good, thanks.** を最初に思いついた。No, thank you. との違いがあるとしたら、この言い方の方が少し casual だということ。それについて別の友人にこう指摘されてしまった。

彼は言った。「子供のころから、何かを断るときの polite な言い方（礼儀正しい言い方）として僕は No, thank you. と習ってきた。でも今、アメリカでは人々の言葉はどんどんと informal（くだけた感じ）になってきている。それは時代の流れだから、良いとか良くないという議論はまた別の機会にしたい。だけど僕は思う、**礼儀正しい言い方をするべき機会は今も確かに存在するはず**だよ（There IS a place for formal expressions.）」彼はアメリカで生まれ、育ち、大学を卒業後に日本に来た。そして日本の有名な進学校で高校生に英語を教えてきた。（今は別の職業についている）その彼がこう言ったのが心に残った。「もしも小学生の息子に何かを断るときの言い方を尋ねられたら、僕はこう言うよ。"No, thank you." と言いなさいって」

ネイティブに聞いてみたよ～♪

No, thank you. と
断られたら？

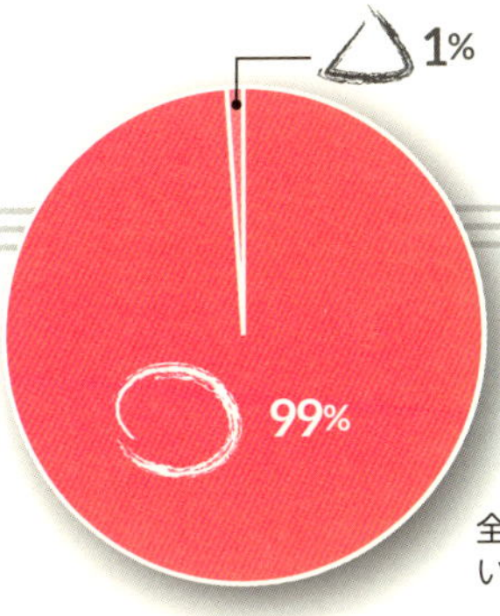

「ミーティングしませんか、と誘ったときにこう返事されたら、失礼ね～と思うけど」（アメリカ人・女性）

うん、そりゃ失礼だよね。でも、意図してキツく返事しない限り、フレーズそのものが問題になることはないはずだよ。

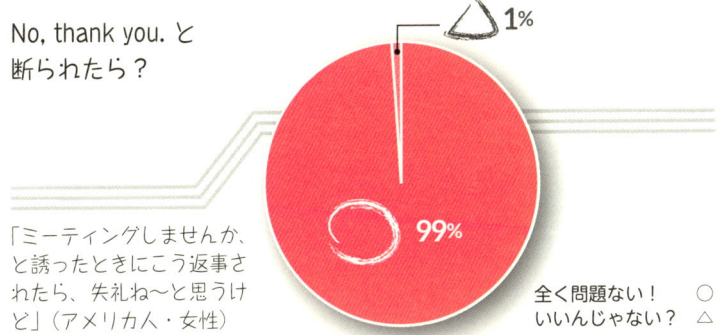

お次は……おっと、手ごわい質問だな（汗）。

Q

時間を知りたくて――

What time is it now? と

尋ねるのは**不自然**なんですか？

けげんな顔をされるとか？

そんなにオカシイかしらぁ？

教えてカンさん！

いいじゃん別に～
でも now には注意ね

どこに問題があるというのだろう、と僕は思った。だって時間を尋ねるときには僕だってそう聞くじゃないか。“What time is it?” って。あ、でも僕なら、now は付けないか。だけどこの質問はやっかいだな。何が問題なのか想像もできないから。

そんなことを考えながら、アンケートをとるために友人たちにインタビューをしているときに気がついた。「What time is it now? と聞いて何も問題ないよ」と答えた友人たちはみな、What time にアクセントを置いている。または問題がない、と力説するうちに now が消えてしまってこのフレーズを繰り返している。「オレなんて全然おかしいと思わないよ、“Hey, Kan, what time is it now?” と聞くと思うよ。どこがおかしいんだろう？　rude だってことかな。それなら困った顔をして聞けばいいんじゃないか？　こんな顔で。でもそんなこと関係ないか。やっぱりオレは同意できないな、“What time is it, Kan?” って全然不自然じゃないよ」こんな風に**何回かこのフレーズを繰り返しているうちに now が消えてしまう**んだ。これ、面白いな、と思った。

その理由を考えれば答えが分かるのかもしれない。日本語に訳しながらだと説明しにくいんだけど、やってみようと思う。まず、What time is it? だけですでに「今、何時かな」の「今」に当てはまる、now が意味として含まれている。だから now なんて、あってもなくてもどちらでもいい、という意識がある。だから言わない。でも、もしも now と付け加えるなら、それは付け加えてしまったという感じで、それに意味なんて持たせずに、ふと口から出てしまったみたいに now を音にしながら、What time is it now? と言う。そういう聞き方をする。もしも now に少しでもストレスを置くような聞き方をすると now にまた別の意味が生まれてしまう。意味がないはずだった now が意味を持つようになってしまう。例えば**誰か（または何か）を待っている**とか、**もうすぐ何かをやらなければいけないその時間が近づいている**とか、そんな状況で時間を尋ねている感じ。少しそわそわして「今って何時なのかな？」とか、「ね、今、何時になった？」とか。

「全然問題なんてないじゃない」と答えた友人たちの中には now にアクセントを置いて What time is it now? と言った人はいない。だけど「**なくてもいい、またはない方が自然の now**」が文の終わりにあるってことに気付いてしまった、そしてそれに注目をした友人たちは、now にアクセントを置いて What time is it now? と言いながら、考えてくれた。「うーん、それよりも **Can you tell me what time it is?** とか **Do you have the time?** の方がいいような気がするよ」と言いながら。これは僕にとっても面白い発見だった。

僕はもうひとつこんなことを思った。What time is it? でも What time is it now? でも、この聞き方は時間を答えてくれることを期待しているよね。だけどもしも Do you have the time? とか Can you tell me what time it is? という言葉で時間を聞かれたならどうだろう。聞かれた人は Yes. または、No. をまず答えることになる。これは英語圏でのていねい語みたいなニュアンスがある。こちらの方が図々しくないと言うべきかな。だから、知らない人に例えば駅で、路上で時間を聞くときにはこちらの方がいいと思うんだ。だけど、親しい間柄での会話なら What time is it (now) ? でまったく問題はない。もしも親しくない間柄で What time is it (now)?

と尋ねるなら、その前に Excuse me. と言えばいい。そうすれば失礼じゃないものね。どちらにしても now にストレスを置かずに尋ねる、それが大切だと思う。

ネイティブに聞いてみたよ〜♪

What time is it now? はどう聞こえる？

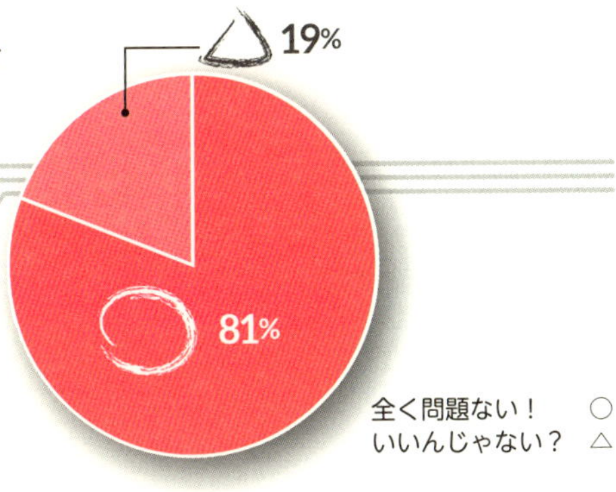

「now が付くと、今か今かと、何かを待ちわびている印象があるわね」
（イギリス人・女性）

COLUMN

facial expression という言葉がある。この言葉、手元の辞書には「顔の表情」と書いてあったけどちょっと違うような気がする、「顔で気持ちを表現すること」。これ、少しだけやってみてほしいと思う。日本人はみな苦手かもしれないけど、でも気持ちを込めれば、気持ちは顔の表情に出てくることもあると思うよ。And look at the bright side. (←これ、僕のとても好きな言葉)、気持ちさえ込めれば、細かな部分が多少間違っていても思いは必ず伝わると思うよ。

小さなミスより、大きな表情

第2章

コミュニケーションは「想像力」と「思いやり」

単語や文法は大事だけど、こだわりすぎると
失敗がコワくて話せなくなるよね。

僕が考える「コミュニケーションに必要なもの」は３つ。
how you say it（**言い方**に気を付けること）
imagination（**想像力**を働かせること）
confirmation（**確認**すること）

ちょっとのミスに、がっかりしなくていい。
相手は察してくれるし、聞き返してもくれるから。
まずは積極的に言葉を発して、やり取りしてみよう。

誰にでも察する力はあるよ

ちょっと英語を間違ったからって、落ち込むことないって。

マジ!?

レストランで「あれと同じのをください」

Can I have the same dish as that one? はダメ！

「皿を食べたい」って意味になる。

えっ、メーンディッシュでも？

助けてカンさん！

ダメじゃないよ〜！
皿を食べる人、いないでしょ

ダメじゃない、全然。レストランでウエーターに言うって situation でしょ。伝わらない人はいないと思うな。僕ならどう言うだろう。隣のテーブルに乗っている料理をそっと指さして Can I have the same one? と言うかな。友人たちにも、自分ならどう言うか、を聞いてみた。

I'll have the same.（男性、米・テキサス出身）
Can I have that, too?（女性、米・カリフォルニア出身）
I want to have what he's having.（男性、米・ニューヨーク出身）
Can I have the same?（男性、米・シカゴ出身）
I'll take the same one.（男性、米・ウィスコンシン出身）
I'll have what he's having.（女性、カナダ出身）
I want to have that, too.（男性、イギリス出身）

面白いことに僕の友人たちはみな Can I have the same dish as that one? は問題なく意味が伝わる、と言ったのに自分でもこの言い方をする、と言った人はいなかった。ここでは dish が食器ではなく、料理という意味で伝わるか、ということが話の中心であるべきだと思うんだけど、その前にとても細かくて、どうでもいいようなことをちょっとだけ言いたい。

例文の言い方だと as that one が２通りに理解できる。1.「あの人（= that one）と同じ料理をくれる？」という意味と 2.「あの料理（= that one）と同じ料理をくれる？」という意味だ。（あぁ、細かすぎて自分が嫌いになりそうだ）「何、それ、おんなじじゃん」と言う人もたくさんいそうだ。そう、意味は何も変わらない。おんなじ。だけどもしも 1. なら "same dish as that person is having" の person が one になったものだし、2. なら "same dish as that dish" の dish が one になったもの。何を言いたいかというと、dish を使うのは OK だとしても、例文のような言い方をしないのは、**この文では one の使い方があいまいだから**かな、という気もした。1. なら Can I have the same dish as him? と言うだろうし、2. なら Can I have the same dish as he's having? と言えばいい。

料理に対して dish という言葉を使うか、ということに話を戻したい。Wisconsin では Can I have the same dish? という言い方を聞いたことはない。僕のまわりの友人たちもみんな、**自分自身では dish を料理に対してはあまり使うことはない**、と言った。でも、main dish とか、Chinese dish（中華料理）、vegetarian dishes（ベジタリアン用の料理）という言葉は存在する。後ろの２つは Chinese food や vegetarian food とも言えるけど、main dish という意味で main food とは言うことはない。もしそう言うと、main food source（主な食料源）に近いニュアンスで伝わってしまう。つまり dish に「食事」という意味はあるのに、レストランに来た客としてはあまり使わない。「レストランに来た客としては」と言ったのはこんなことを言った友人がいたからだ。「だけどさ、**ウエーターは使う**と思わない？ “I want to bring your next dish.”（次のお料理をお持ちします）とか “Has he brought your dish yet?”（あなたのウエーター［アメリカではテーブルごとに担当のウエーターがつきます］はもう料理を持ってきましたか？）とか言うじゃない」なるほど、確かに、と僕は思った。dish と food の違いを言うなら、food は食べ物全般に関して何にでもどういう風にでも使えるのに対して、dish には「**調理された食べ物が食器に盛りつけられた状態の料理**」（こんな日本語はないと思うけど）というニュアンスがある。自分の料理にプライドを持っているシェフやウエーターたちが喜んで使うのは、それが理由のひとつでもあるんじゃないかな。これは僕の勝手な意見。でも**客が使ったからと言って悪いことは何もない**よね。あなたが欲しい料理をきちんと運んで来てくれると思うな。

ネイティブに聞いてみたよ～♪

Can I have the same dish as that one?
これ、ヘン？

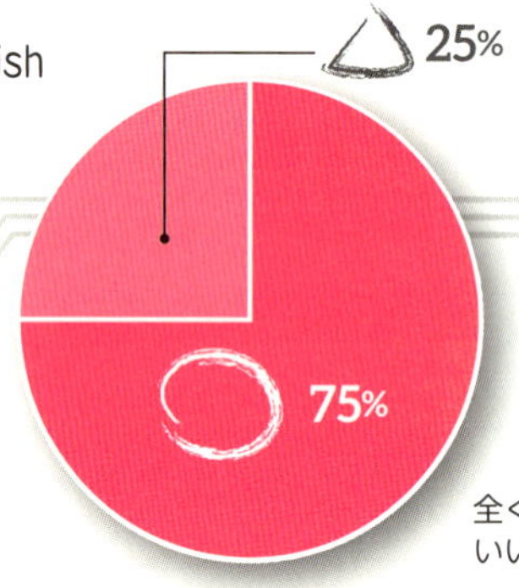

全く問題ない！　○
いいんじゃない？　△

dish は気にならない。でも、that one に「ん？」と引っ掛かる人が多かったね。

「one が何を指すのか、はっきりしないね。person の意味か、それとも dish のことか」（イギリス人・男性）

「dish は問題ないわ。でも、Can I have the same dish as him/her? と言う方がいいんじゃない？」
（イギリス人・女性）

このネタ、ネイティブどうしで大いに盛り上がったよ。

Q

「サインください」のつもりで

Can I have your sign?

これ、ホントに**意味不明**？

サイン慣れした俳優だったら

案外通じたりしませんか？

意外とイケるんじゃないの？

教えてカンさん！

さすがにマズイかな～
でも察してもらえるハズ

さすがにこれはダメかもね。**sign は名詞だと「しるし」という意味**になってしまって、日本語の意味するスターの名前などが書かれた「サイン」という意味はないから。road sign といえば「道路標識」のことだし、dollar sign といえば、ドルのしるし、つまり「$」のこと。percent sign なら「%」だし、sharp sign や flat sign は音楽で使われる「♯」や「♭」のこと。sign of hope なら「希望の兆候」となる。つまり全部「しるし」を意味しているよね。sign を動詞として使うときには「名前を書く」つまり「署名をする」という意味があるのに、名詞になるとそこに「名前」という意味が含まれない。だから Can I have your sign? と言っても、「僕のしるしが欲しい？　え、しるし？　どういうことだ？」などと思われてその思いは伝わらないと思う。

Sign your name here. といえば「ここに署名して」ということだけど、sign（署名をする）が名詞になると signature と形が変わってしまう。銀行などではよく使われる言い方だよね、I need your signature here.（ここに署名が必要です）のように使われる。「名前を署名して」と言うと「名」が重なっておかしな感じもあるはずなのに、sign your signature という言い方もある。sign a contract なら「契約を結ぶ」、sign on with NHK なら「NHK と契約する」ということ。「署名をする」ということから意味が広がったんだろうけど、動詞の sign には「契約をする」とか「仕事につく」といったような意味もある。でも sign を名詞として使うときには「名前」という意味が消えてしまっているんだ。

もうひとつ。ハリウッドスターや著名な作家、大統領といったような有名人の名前が書かれた「サイン」は signature とは言わずに autograph と言う。signature は契約書や小切手などに書く署名のことで、autograph とは別のもの。autograph session といえば「サイン会」だし、autographed ball といえば「サインが書かれたボール」のこと。これらに signature は使わない。だから「サインをください」と言うときには、“Can I have your sign?” ではなく、“Can I have your autograph?”と言うべき。

“Hey, Kan, are you stupid?”（ね、カン、あんたバカじゃないの？）と言われた。この原稿のために友人たちと会って、上に書いたように自分の意見を話したときに。大げさではなく、本当にそう言われた。「想像してみて。だってあんたが autograph を求められるような有名人だったとして、**知らない女の子がペンと紙を持って近付いてきて、お願いしますって言われたら、autograph が欲しいに決まってる**じゃない。It’s obvious.（明確だわ）」確かにその通りだ。

別の友人は言った。「your sign と聞いて『何？』という顔をされるかもしれないけど、そうしたら **your name と言いなおせば分かるんじゃないか**」（←僕はこの意見が好きだ）「いやいや、もっと簡単な方法がある。autograph が欲しい女の子（いつの間にかその場では女の子になっていた）はその有名人に“May I?”とか“Can I?”と言って近付いていけばいいんだよ。それでペンと写真を差し出せば、分からない人はいないだろう。もしも分からなかったら、そいつは頭が悪すぎるからファンなんてやめた方がいい」「それか、分からないフリをしてるだけとかね」「それなら、ますますファンをやめるべきだと思う」「賛成だ、ぜったいにやめるべきだ」…こうして夜は更けていった。そして最終的には、「**異文化間コミュニケーション（Cross-cultural communication）で大切なモノは想像力と思いやり**」というとても当たり前の結果に落ち着いたのでした。

ネイティブに聞いてみたよ～♪

あなたが有名人だとします。
Can I have your sign? の意味、通じる？

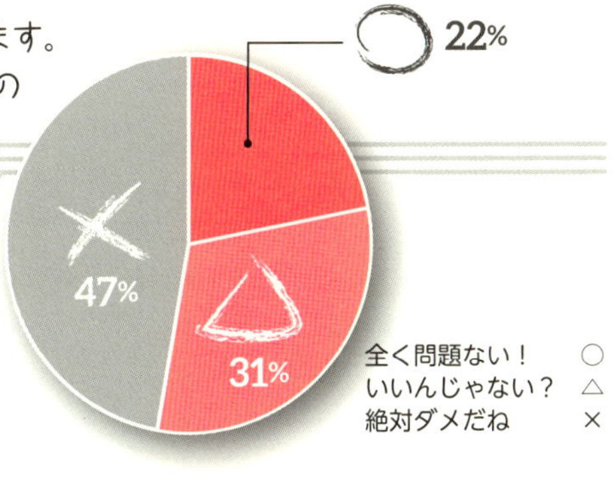

日本で暮らしたことがあるかないかで、意見が分かれたよ。「これは日本滞在中に覚えた和製エイゴです」（オーストラリア人・男性）

あっ、ちょっとこれはどうかな……というお題が来たよ。

定説

「フロントで会いたい」とき ――

Let's meet at the front.

と言うと**決して会えない。**

相手は**正面入り口前**で

あなたを待ち続ける。

相手にはかなり迷惑ですよね

どうなのカンさん!

キホン的にはダメだね でも、聞き返してくれるよ

「フロント」は「コンビニ」とか「ファミレス」や「インテリ」みたいな言葉と同じで、**英語から生まれた日本語**だと思った方がいいと僕は思う。それを**知っている人には通じるような気がする**。でも「フロント」のやっかいなところは、front という単語がきちんと存在することだよね。「コンビニ」や「ファミレス」「インテリ」といった英語はないからね。特に「コンビニ」や「ファミレス」はちょっと考えれば、「これは通じないだろうな」と思うことができそうだけど、front のように英語の単語としてきちんと意味がある言葉はかえってややこしいよね。

front は「**前面**」「**正面**」「**先頭**」といったもので、何かの「前にあるモノ」を指す言葉。だから「フロント」という日本語の言い回しを知らない友人たちはみなこの例文に対して、“Front of what?”（何の

前？）と質問してきた。“Front of a coffee shop or in front of the building?”（コーヒーショップの前？　それともビルの前ってこと？）とも言っていた。

日本語の「フロント」は「ロビー」のことでしょ。だから **Let's meet in the lobby.** と言えば、日本語の「フロントで会おうよ」と同じ意味になるよね。しかし僕の友人たちは言う。「**よく分からなければ確かめればいいだけだよ**、front of an Italian restaurant? 違う？　じゃ、front of the box office?　違う、え？　ホテルの中？　１階？　あ、ホテルのロビーってこと？　という感じで会えるはずだよ」「front of what? と聞きつづけることで、at the front desk とか reception と言った言葉が出てきて、結局会える気がする」などなど。
最終的には会えるということで OK にしたいような気もするけど、これはやはり伝わりにくい表現だと思う。

今回は英語ではその意味にならない、「日本で作られた英単語なんだけど英語では別の意味で使われる語」を紹介しようかな、と思う。この例として最も有名なもののひとつ、「コンセント」。日本に住んでいるアメリカ人はみんな知っている。あまりにも奇妙で有名な言葉。アメリカ英語ではコンセントは outlet と言います。電気が出てくる場所だから。分かりやすいでしょ。英語で consent というと「同意」とか「納得」とかそういう意味になる。一体誰が outlet を「コンセント」と言い始めたんだろう。僕はそこにも興味があるよ。

2つ目は「ペーパーカンパニー」。僕は本当に恥ずかしいことだけどつい最近までこれを「紙を作る会社」のことだと思っていた。paper company はそういう意味だからね。ウソの会社という意味なら bogus company というのが正しい。

3つ目は「ストーブ」。英語で stove というと調理器具のこと。ガスレンジと書いてあった本を見たことがあるけど、僕の印象はちょっと違う。下にオーブンがあってその上にガスレンジとか電気の調理器具がくっついた大きな調理器具一式、という感じ、それが stove（よく調べてみると上のガスレンジだけの部分を指して stove ということも間違いではないらしい）。日本語の「ストーブ」は英語では heater と言う。ちなみに gas range という言葉も一般的ではない。「ガスレンジ」は burner。なんだか余計ややこしくなってきちゃったな。今回はここまで。

ネイティブに聞いてみたよ〜♪

Let's meet at the front.
これ、意味通じますか？

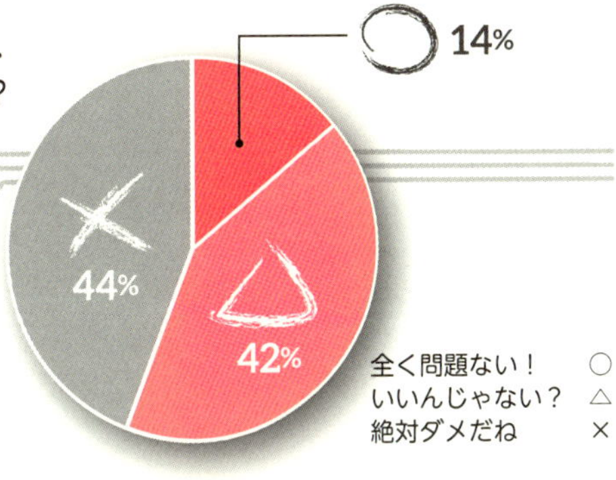

「front desk を連想しにくい。僕が reception をよく使うからかな。front desk はアメリカ英語っぽいかも？」（イギリス人・男性）

いや、英米の違いは関係ないよ。やっぱり分かりにくい。コミュニケーションできないほどではないけどね。

あぁ～これはさすがに……。でもアンケート結果は意外かもね。

マジ⁉

あなたは店員。お客さまに対して

What do you want? は

絶対ダメ！

これほど**無礼な接客**はない。

言ってしまった気がします（汗）

助けてカンさん！

僕はイヤだけど
意外に許されてる

店やレストランで店員さんが言うセリフなら「さすがにこれはダメだよ」と僕は思った。だって日本語でも言わないでしょう？　店員さんが客に「何が欲しいですか？」なんて。すると編集部の人たちが言った、「日本語には『何になさいますか？』『何がご入り用ですか？』という表現があるんです。それは『何が欲しいのか』という意味なんですよ。だからそれを英語にすると What do you want? じゃないかと思って」。僕だって「何になさいますか？」という言い方があることは知ってる、と思ったけど言えなかった。日本語のていねい語はとても難しいし、ややこしい。日本人でさえもそれを正しく使えない人がいる、それがときにはテレビ番組の題材にさえなっている、それは驚きだと思う。それほど難しいってことだよね。「ていねい語や尊敬語を正しく話さなければいけないというコンセプトを捨てると、日本語を話すことが楽しくなるよ」と言った友人がいた。僕はこの考え方、大賛成だ。

話を戻すよ。「何が欲しいですか？」はダメで「何になさいますか？」なら OK。なぜだろう。その答えをそのまま英語に当てはめて考えることもできると思った。ていねい語ではないから、と言う人がいるかもしれないけど、僕は少し違うと思う。What do you want?（＝何が欲しいですか？）が service industry（サービス業）に向かないのはストレートすぎる表現だからじゃないかな。例えば **What are you looking for?** という言い方、これは**ていねい語じゃないけど店内で客に言っても失礼じゃない**。また、would like なら want と意味は同じなのに、レストランや店で使っても失礼でも奇妙でもない。**What would you like today?** は**レストランでよく聞く言い方**だ。

What do you want? という表現はたとえ優しく言ったとしても店などで使うには「ダメ」じゃないかと僕は思う。ただ意味は分かる。意味の誤解はない。ただし少し失礼に感じる言い方だと思う。だけど意外にも友人たちの意見は違った。**その人の母語は英語ではないという条件なら**、“Give him a benefit of the doubt.”（好意的に考えようよ）そして再び、“Depends on how it is said.”（言い方次第）という意見が多かった。ここでもやっぱり「どんな言い方をするのかが重要だ」という結果になった。

What do you want? の代わりに使う言い方には、May I help you?、How can I help you?、What are you looking for? など、いろんな言い方があるけど、僕はこの意見が気に入った。「“Yes?”と笑顔で言えばいいんだよ」Texas 出身のミュージシャンの意見だ。確かに。それなら誤解も失礼もない。

ネイティブに聞いてみたよ〜♪

What do you want? は
いかがですか？

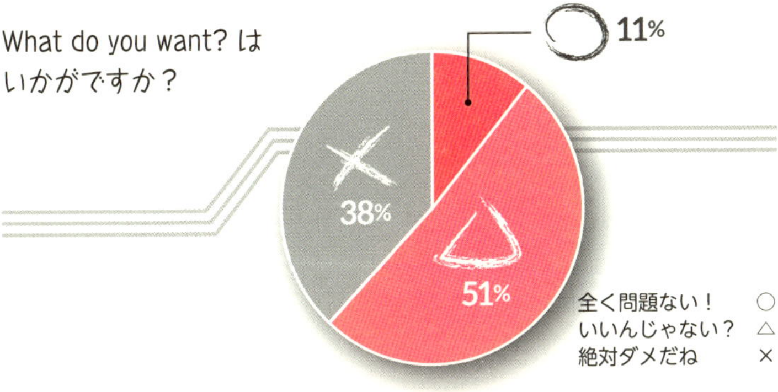

「How can I help?（ご用を伺いましょうか？）や、Are you looking for something in particular?（何かお探しのものがございますか？）などと聞いてほしいわ」
（イギリス人・女性）

でも、「店員の意図は分かるよ」（イギリス人・男性）と大らかに受け止める人も多いよね。

COLUMN

ストレートに言うことをさけるために、少しぼやかして言う表現、日本語にはたくさんあるよね。それをいくつか覚えるだけで、日本語がすごく上手だと思われる、そんなフレーズについて友人たちと話し合ったことがあった。その中でも僕が思う最強の単語は「とか」。ちょっと気になる女性にA「明日は予定がある？」の代わりに、B「明日は予定とかある？」と言うとストレートさが減ってやわらかい印象になるでしょ。Aは英語で言うなら “What will you do tomorrow?” だけど、Bに近い英語は “What would you do tomorrow?” だと思う。「とか」「みたいな」「的な」といった言葉を最初に聞いたときは「何だよ、それ」と思った。だけど、“What would you do tomorrow?” の would も似た効果があると思う。本当は will の過去の形なのに、この表現の中では過去の意味はない。過去形なのに未来（明日）のことを話すことに使われている。単語が持つ本来の時制と文の時制のギャップ、距離感がストレートな印象を減らしているんだと思う。would や could を使うと、それだけでていねいな感じ、やわらかな印象が生まれるのはそれが理由じゃないかな。

英語にも「〜とか」があるよ

第3章

ネイティブだって「人それぞれ」だよ

ネイティブだって、当然ながらいろんな人がいる。
同じ表現を耳にしても、**感じ方は人それぞれ**。
みんながみんな、同じ言葉づかいをするわけでもないし。
正解が１つしかないなら、言語ってつまらないでしょ。

言葉の選び方は、時と場合にもよるから
「絶対に間違い」と断言できないことも多いんだ。
あまり心配せず、どんどん話していいと思うよ。

心配しすぎはもったいないね

「その言い方はヘン！」ってダメ出しばかりじゃ疲れない？
せっかくの会話、楽しく話したいよね。

Q

イヌを「飼いたい」のですが……

I want to keep a dog. は
ペットの**虐待**!?
「**監禁したい**」になっちゃうの？

私、うっかり言ったかも……

教えてカンさん！

ま、いいんじゃない？ わかってくれる人もいる

I want to keep a dog. と言って、「イヌを飼いたい」という気持ちが伝わるか、に関しては、「うーん、分かるけど、誤解があるかな？どうなんだろう？」と実は僕は思っていた。もちろん、一般的な言い方は I want to have a dog. ね。だけどアンケートに協力をしてくれた友人たちの半数以上が「**何を言いたいか、ということならもちろん理解できるよ**」と言った。これは僕にとってもちょっと意外で面白い結果だった。それは彼らが日本に住んでいるから分かる、日本人が時々使う言い回しだと知っている、というのではなくて、California や Wisconsin に住んでいて**今まで一度も日本を訪ねたことがない、という人も含めて**その人たちの半数以上が「言いたいことは分かる」と答えたから。面白い意見もたくさんあったので、今回はそれもいくつか紹介したい。

まず僕の意見ね。ちょっと不謹慎だけど、I want to keep a dog. と聞いてすぐに僕が思ったのは、I want to keep a mistress. なら「全然アリなのにな」ってこと。mistress は「愛人」という意味ね。日本語で「愛人を囲う」という言い方をするでしょ。keep はとても多くの意味を持ち、様々な使い方をする動詞だけど、keep a mistress のような使い方をするときは「**囲う**」という日本語と多くのニュアンスを共有すると思う。愛人を持っていて、しかもその状態を守る（彼女の生活や生活費も守る）、というニュアンス。

keep は**その状況が保持されている状態や時間軸に意識がある**動詞。「**その状態を保つ**」ニュアンスがある。だからもしも僕が I want to keep a dog. と誰かが言っているのを聞いたとしたら、その人は本当は I want to keep my dog at my mother's place.（母の所に僕のイヌを預けたいんだ）とかそういうことを言いたいのかな、そういう言葉が続くのかな、と思ってしまうと思ったんだ。また僕の別の友人はこんなことを言っていた。「もしも僕がそれを聞いたら keep after a dog（イヌのあとを追いかける）と言いたいのかな？と誤解する」

一方、「言いたいことの意味は分かるよ」と答えた Wisconsin の友人（日本を訪れたことはない、日本語を話さない、何度教えても台湾と日本の位置を間違える）は「**How to keep cattle**（ウシの世話の仕方）って言葉があるだろう？　それが**イヌになっても何の問題もない**じゃないか、意味はよく分かるよ」と言った。さすが酪農とチーズの州、Wisconsin。世界で一番平和で心を穏やかにする場所だ（と僕は思う）。keep というと「世話をする」とか「守る」とか、そういう意味も持つから、**家畜などにはよく使う**。

また別の友人は言った。「**Don't keep a dog and bark yourself.** ってことわざを知らないのか？　あれを思い出せば何を言いたいのかすぐに分かるじゃないか」なるほど、と僕は思った。これは直訳すると「イヌがいるのに自分で吠えることないでしょ」。つまり「何かをしてもらうために誰かを雇っているなら、その仕事を自分でするな」という意味。確かにアメリカでは僕はイヌを飼うという意味で、keep a dog という言い方を聞いたことはない。でも、**それをそのまま含んだことわざがある、そして、イヌじゃなくて家畜なら keep も不自然なく使われる**、そう聞けば、「ちょっと考えれば分かるよ」という意見に僕も納得させられた。

そうだよね、あまり細かいことを気にしないで、Keep it up!（言いたいことを言おうよ！）

ネイティブに聞いてみたよ〜♪

I want to keep a dog. って
イミわかります？

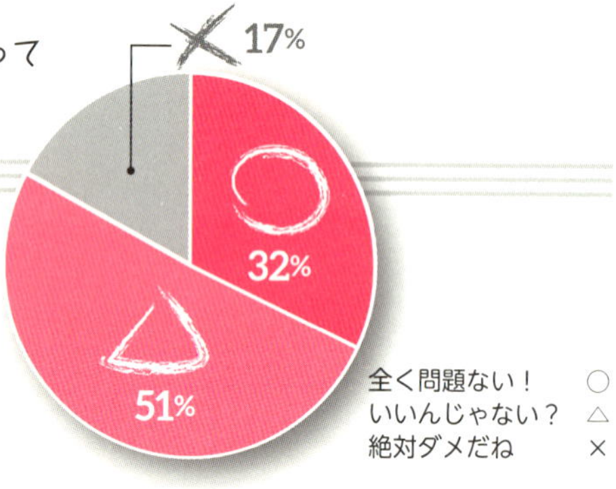

「自然な英語ではないけど、意味は明らかだ」
（イギリス人・男性）

「I want a dog.（イヌが欲しいわ）なら自分も言いそう」（アメリカ人・女性）

「外で気に入ったイヌを、ずっと自宅に置いておきたい。そんなニュアンスかな」
（アメリカ人・男性）

コミュニケーションの潤滑油、それはソフトな口調だよね。

定説

ドアのノックに「どなたですか？」

Who are you? だと

かなり**乱暴**な印象に。

「**あんた誰よ？**」の意味になる。

どうなのカンさん！

これ、**口調が大事**かな
特に英語圏に行ったらね

結果は○と△に大きく分かれた。そしてその分かれ方が面白かった。**僕が直接会って話した人たち（日本に住んでいて英語を母語とする友人たち）は○が多かった。**日本の人はドアのノックの音を聞いたら、きっとこんな風に“Who are you?”と言うんだろうな、と僕は想像したように言ってみた。言い方としては優しく、そして文末を上げてみた。日本の人は優しいからきっとこうだ、と想像したんだ。そうするとほとんどの友人が「（どんな意味で言っているのか）理解できるよ」「あぁ、それ日本人の言い方だよね、オレ知ってる」「誤解はないと思うよ」「問題はない」「悪くない」と答えた。

一方、僕が mail でこのアンケートの協力をお願いして、それに返してくれた友人たちは△が多かった。「ちょっとびっくりする」「その言い方を知りたい」「分かるけど、I would be very confused.」「tone of voice はどんな感じ？」などが添えられていた。

ひとり、Manhattan のホテルで働いている友人は「(ノックに対して) そう言う外国人は少なくないから僕はおどろかない」と言った。彼は立場が特殊すぎるかな？

日本語の「誰ですか？」と「どなたですか？」では使われている言葉がすでに違うよね。でも英語では「どなたですか？」のつもりでていねいに心を込めて Who are you? と言ってみたとしてもそれを文字にはできないから、日本の人がどう言うか、に関しては mail では (文字だけでは) 伝わらない。それが○と△を分けた大きな理由だと思う。優しく尋ねるような言い方で Who are you? と言うのなら、言いたいことに関しては誤解はない、と僕自身は言いたい。

ただし、英語ではこうは言わない。**Who is it?** と言う。logic はとてもカンタン。**顔が見えれば you を使う。見えなければ、you を使わない。**それだけ。その人の顔が見えるか見えないかってことだけが、it か you かを使い分ける判断基準。**実際にその人の顔を見ながら**「え、僕、あなたのこと知っていましたか？　どなたですか？」という場合なら“**Who are you?**”と言う。ノックの音を聞いて「どなたですか？」という状況では**その人の顔は見えない**よね、**だから you じゃない**。“Who is it?”と言う。“it” = “knocking on the door, ノックをしている人”と考えるとどうだろう？　理解の助けになるかな。

ネイティブに聞いてみたよ〜♪

Who are you? と
聞いてどう？

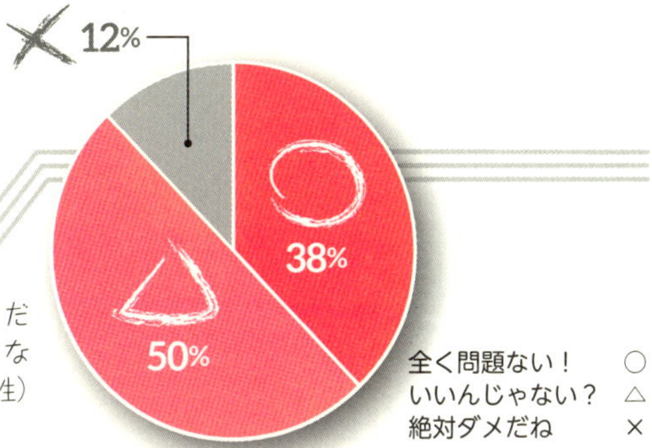

「ちょっとぶっきらぼうだけど、まあいいんじゃない？」（イギリス人・女性）

「『だ、誰っ？』っておびえた感じに聞こえるかもね」（イギリス人・男性）

「普通は Who's there?（どなた？）と返すかしら。でも、相手の顔が見えるなら、Who are you? もアリ」（アメリカ人・女性）

これ、「なんでそこが気になるの？」ってお題の代表格だよね〜。

マジ⁉

ドアのノックに「ちょっと待って」

Just a minute, please. は

ホントに相手を**待たせる**言葉⁉

1分だけ待ってもらえますよ。

も、もう何も言えません……

助けてカンさん！

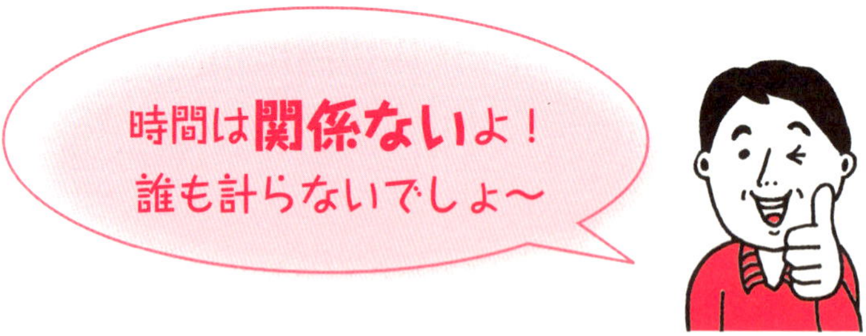

僕がナレーションや歌や英語教材の録音の仕事をするときの話を少ししたい。僕は録音現場では director とか producer といった役割が多いんだ。録音スタジオの中のブースと呼ばれる場所でナレーターはマイクの前で原稿を読む、歌手は歌を歌う。僕はそれを聞きながら指示を出す役割だ。そしてこんな場面を想像してほしい。ナレーターは調子よく原稿を読んでいる。僕もうなずきながら原稿を目で追っている。突然、となりでクライアントさんが僕に言った。「今のところの読み方ちょっと気になります」僕はここで録音を止めなければならない。どこがどう気になるのかクライアントさんに尋ねるために。僕はナレーターに読むのを中断させて、こう言う。“Give me a minute, will you?”（ちょっと待ってくれない？）そうすると、ナレーターは “Sure.” と言って待ってくれる。この場面は僕の録音現場ではよくある。

考えてほしい。ここで使われる a minute は60秒である必要なんてないよね。「**ちょっと待って**」の「**ちょっと**」にあたる言葉だと思ってほしい。英語ならそれは **a moment** とも言える。そしてこの「ちょっと」や a moment が**実際にどれ位の長さなのか、気にする人も、測定する人もいない**と思うんだよ。(実際に測定をしてみると文化圏や年齢によって違いが出そうで、それはそれで楽しそうだ)

ドアをノックする音を聞いて、“**Just a minute, please.**”と言っても“**Just a second** (sec とも言います).”と言っても“**I'm coming.**”(“**Coming!**”とだけ言うこともある) と言っても、すべてまったく問題はないし、違いもあまりない。以上。今回はここまで。と思ったけど、どうせだから“Just a minute, please”と“I'm coming.”の違いを少しだけ説明しようかな。ただこの2つ、「何も変わらない」と言った友人たちがほとんどだった。「ドアのノックの音に向かって歩きながら“Just a minute, please.”と僕は言うけど」とあるナレーターは言った。

僕は学生のころの朝を思い出したんだ。「Hey, Kan, 起きなさい！　もう６時よ！　何回どならなければならないの？!」kitchen から母の声がする。僕は眠い、ひたすら眠い。wake up も get up もできない。ついに母は言う、「殺すわよ！」（本当にこう叫ぶんだ）。目を閉じたまま僕は必死でこう叫び返す、“I'm coming!”（今、行くよ！）毎日睡眠をたっぷり取っていたのに、僕は朝がやたらと弱いから毎日こんな感じだった。このときに“Just a minute, please.”と言っていたら、本当に殺されて、今ここで原稿を書いていないような気がする。

違いがあるとしたらそういうこと。つまり、**I'm coming. は文字通り相手のところに向かっている途中**、そして **Just a minute, please. は「待って」ということだから、そこに向かっていなくてもいい**。それが僕に“Just a minute, please.”ではなく“I'm coming!”と言わせた理由だ。僕は得意になって「これがこの２つの違いじゃないかと思うんだ」と友人に話した。しかし「お前は sometimes too picky だ（細かいことにうるさすぎる）」とか「それはあまりに literally（文字通りに）意味を取りすぎている」と反撃は激しかった。

ある女性ナレーターは僕の味方をしてくれた。「私がノックをして部屋の中から “Just a minute, please.” と聞こえたら、私は携帯で mail を打ち始めるかもしれない。lipstick を取り出してメイクを直し始めるかもしれない。でもそんなときにすぐにドアが開いたら、私は lipstick を持ったまま “Hi.” って wry grin（苦笑い）しなきゃならないのよ。“I'm coming.” ならメイクは直さないわ」
その結果僕たちは、“**It depends.**”（場合によるね）そして “Well, **everybody's different.**”（人はそれぞれだから）ってことにした。

ネイティブに聞いてみたよ〜♪

Just a minute, please.
これ、どうかな？

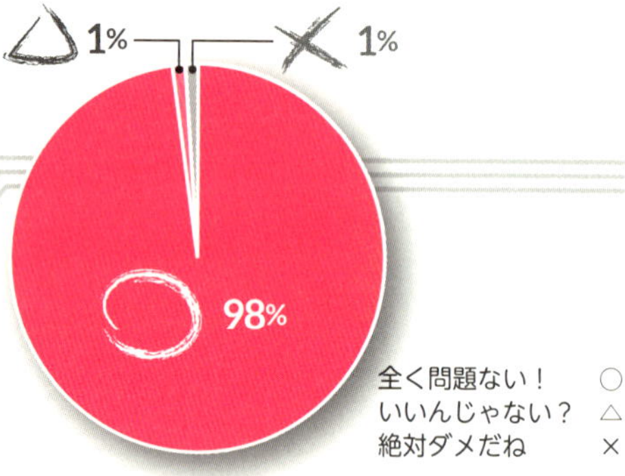

日本語の「ちょっと待ってください」の感覚で使ってほぼ完全に OK だよ。〇を付けてない人もいたけど、誤差の範囲かな。

同じ言葉でも、人によって受け止め方が違うよね。

Q

きれいな服で出かける知人に ——

You are beautiful today.

これって**ヤバイ**んですか？

口説いていると思われるって？

そ、そんなつもりじゃなかった

教えてカンさん！

口説き以前の問題かな
「今日だけ？」と突っ込まれる

“Hey, it IS a big problem! I don’t like it! ”（ねえ、それって大問題よ！　私はイヤ！）僕がとても尊敬している、あるナレーターは言った。「え、どうして？」「だって今日だけなの？　私がキレイなのは今日だけ？　昨日はどうなの？　先週は？　だってこれ、今日初めて会った人との会話じゃないでしょ。私、許せない」
本当は彼女は笑いながらちょっと joke っぽく言っていたんだけど、実はこれに近いコメントは多かった。mail でアンケートに答えてくれた友人の約半数が「Not good である点があるとしたら today」「today の部分が私は好きじゃない」「なぜ today と言わなければならないのか」のように today を気にした。

一応、例文をどのような状況で言う設定なのかを編集部の人たちに確かめてみた。「日本ではちょっと素敵な服を着てパーティーなどに出かける知人を見かけたら、『**今日はおきれいですね**』という言い方をすることがあるんですよ」とのことだった。なるほど、「今日はおきれいですね」だから today なのか。でも「おきれい」なのは「ちょっと素敵な服」または「ちょっと素敵な服を着たあなた」だよね。つまり “You are beautiful.” よりも “**You look beautiful.**” という方が「今日はおきれいですね」と言ったその人の気持ちに近いと思うんだ。

また “You look beautiful.” なら today があっても不自然じゃない。女性も怒らない。と思ったら前出のナレーターが先ほど別件で僕の会社まで来てくれたとき、「**You look beautiful. だったとしても today があると私はイヤだ**」と言ったので、「女性も怒らない」に関しては「人による」ということにしようかな。ただし You look beautiful today. という言い方は一般的に存在するし、不自然だったり失礼だったりということも普通はない。

一方、男性たちとは「やっぱり女性（男性でもいいんだけど）を口説くときには彼女（彼でもいい）の手を取って、“You are beautiful.”と言うのが基本だよな」などという会話でひとしきり盛り上がった。

「あんたたちセクハラって言葉を知らないの？　セクハラは言った人の気持ちは関係ないのよ、言われた人の気持ちだけが重要なの。**きちんとした人間関係ができあがってないのに beautiful と言うなんて危険**だわ」「あら、私はきちんとした人間関係がない人にも beautiful って言われたい」…（このとき女性たちのセリフの中では harmonious relationship という言葉が使われた。「きちんとした」という日本語にしたけど、「良好な」とか「平和な」という意味でもある）

僕は、といえば、相手の手を握って顔をのぞきこんで言うのでなければ、そんなに問題があるとは思わない。上で女性が言ったように **harmonious relationship であれば失礼ということもない**だろう。

女性の気持ちを敏感にさせているのは beautiful という単語にも責任があると思う。
beautiful には、pretty よりも高い評価で、しかも**外見だけではなく内面もほめている**ニュアンスがある。だから「今日はおきれいですね」がもしも外見と内面、両方をほめる気持ちなんてまったくなく、ただのあいさつとして使われるなら、beautiful ではなく nice や good あたりを使った方が無難かもしれない。“**You look nice.**”とか“**Oh, nice dress.**”とか“**It looks good on you.**”とかね。

beautiful は文字通りとても美しい言葉だ。おいしい料理とか、ナレーターや actor/actress のすばらしい演技とか、青空がまぶしい 5 月の天気とか、女性の美貌以外にも様々なことをたたえる言葉として使われる。だからこそ誰かに対して、この言葉を使ったらダメってこと、僕はないと思うんだ。

ネイティブに聞いてみたよ～♪

You are beautiful today.
に対してあなたは？

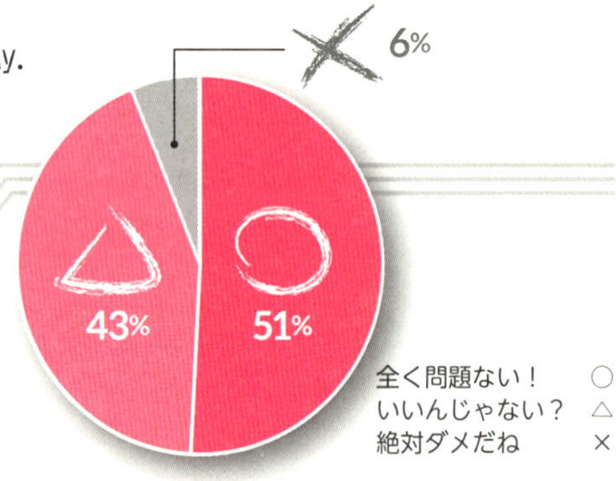

「今日しかきれいじゃないみたい。そこが問題」というコメントが多数。

ちなみにグラフは「男性から女性に」こう言った場合の反応。じゃあ、同じセリフを「女性から別の女性に」言ったら？　その場合もほぼ同様の結果だった。(○56%、△40%、×4%)

「同僚からは聞かないセリフね。友人なら、男女どちらから言われてもおかしくないわよ」
(イギリス人・女性)

第4章

話し言葉の文法、そこまで厳しくないって

「教科書英語は通じるよ」、これは第１章で証明済み。
だからといって、教科書の文法の通りに
話さないといけないの？　でないと通じないの？

実際は、**文法的にちょっとおかしい言い方でも**
完全に誤解されるってほどじゃないんだよね。
ネイティブのとらえ方は、予想以上に柔軟かもしれないよ。

もっと気楽に口に出したら？

文法って大事だけど、こだわりすぎるのはどうもね～。
だって、話すのが面倒になるじゃない？

定説

英語で「今日は暑いです」――

Today's hot. は

主語が間違い。

It's hot today. と

言わねばならない。

「寒暖の it」というアレね？

どうなのカンさん！

No problem!
間違ってないよ！

ダメじゃない、何も問題がない、と大きな声で言いたい。

僕ね、これ、経験あるんだ。ある私立小学校の英語の教科書につくCD を録音していたときのこと。教科書の中の会話文になるはずのスクリプトにこの表現があった。確か Today is cold. だったと思う。もちろんナレーターはスクリプト通りに読んでくれて、無事にすべての録音が終わった。と思ったら、ナレーターが帰ったあとにひとりの先生がこう言った。「この文は It's cold today. であるべきじゃないですか？」「Kan さんはどう思いますか？」どっちでも大丈夫と僕は答えた。先生たちみなさんで長い長い話し合いが始まった。「天気、温度、曜日のときは主語は it であるべき」というようなことを長い時間議論して、その結果、再録音をすることになった。

僕自身のことを考えてみた、例文の **Today's hot.** と **It's hot today.** のどちらを言うかな、と。僕自身は It's hot today. の方を多く言うだろうな、とは思った。ただし僕は **Today's hot. も使う**。それを奇妙だとはまったく思わない。
友人たちの意見も紹介したい。「私は Today's cold. も Today's windy. も Today's rainy. も使う、Today's hot. も使う、この言い方が間違っているとは思わない」NHK の出演も多い、California 出身の有名なナレーターの意見だ。僕は聞いてみた。「じゃ、君は It's hot today. とは言わない？」彼女は答えた「もちろんそういう風にも言うわ」僕はさらに聞いた、「どちらを多く言う？」彼女はすぐにこう言った。"I use them equally."（**両方同じくらいに使うわよ**）

Chicago 出身の友人は言った。「Today's hot. という言い方？ No problem at all. 何が問題だというんだ？　僕はどう言うかって？　うーん、It's hot. かな。いや、でもそれは僕の言い方だから」以前に日本の高校で英語を教えていたことがある NYC 出身の友人は言った。「そういう議論があるのは知ってるよ。僕は一度調べてみたことがあるんだ。**小説の中に Today's hot. という表現を見つけたこともあるし、実際に TV の天気予報でも使ってる**」

あまりにも僕のまわりではこれに「問題がない」という人ばかりなので、僕はもしかしたらイギリス英語では違うのか？と思ってLondon 生まれ、LA 在住のピアニストに電話をしてみた。“Ha? What’s the difference?”と言われた。「Kan は東京でひまなのか？」とも。

小説や TV で使われていても、多くの人に使われている表現だとしても、それが文法的に正しいかどうかは本当は別の話だというのは分かってる。でもこの表現が No Good なのかと言われたら、僕もやはり“No problem.”と答えたい。

Eagle eight ten（横田基地から発信されている米軍の AM ラジオ放送です）というラジオ局がある。僕の車のラジオはそれしか入らない（壊れているから）。だからそれをしょっちゅう聞いている。僕は今日会社でそれを改めて聞いてみた。天気予報もひんぱんに流れるしね。“The skies have cleared out now and temperatures have dropped, and we might have snow showers overnight. And ... Oh, Jesus! But we’re not gonna have a chunk of snow, right?” と言っていた。Today’s hot. という言葉は聞こえなかったけど（今は冬だからね）天気に関する表現もたくさん聞くことができるので、もしも聞いたことがなかったら一度聞いてみてほしいな。どの表現はダメ、間違っている、という知識を得ることも大切かもしれない。だけど、こんな言い方もある、あんな言い方をする人もいるんだ、ということを知るのも楽しいと思うな。

ネイティブに聞いてみたよ～♪

Today's hot. ってヘン？

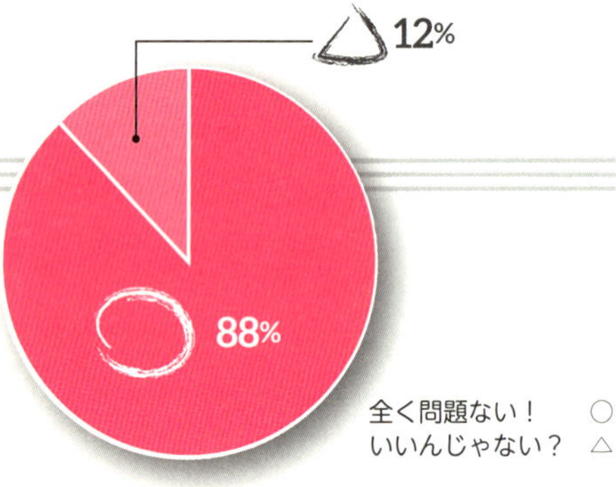

「完全に正しい言い方よ」（アメリカ人・女性）

「いいんじゃない？　私は It's really hot today!（今日は本当に暑いわね！）のように言うことが多いけど」（カナダ人・女性）

こんなすごい質問をされるもんだからびっくりした（汗）。

Q

チケット売り場で「1人いくら？」

How much is one person?

コレで人身売買と誤解されました。

―― この話、本当？

その人、人相が悪かったのかしら？

教えてカンさん！

あり得ないよ！
想像しすぎじゃない？

“Be a little bit flexible, man. Come on!”（もっと臨機応変に考えなよ、おい、頼むよ！）前ページの例文はダメというのが僕の意見だと勘違いをした友人は僕にこう言った。

僕自身は、flexible になる以前に、この表現は間違っていないと思う。映画館や美術館の box office の人に「ひとりいくらですか？」と日本語でも言うでしょ。細かなニュアンスもその日本語と例文は何も変わらない。**チケット売り場で「人間ひとり分の売買価格を尋ねている」と誰が思うだろう。**この例文がダメという理由はそういう誤解があるかも、ということだよね。いまのところ僕は出会ったことがないけど、人身売買の人（trafficker と言います）に「人間はひとりいくらで買えるのかな？」と尋ねるなら確かにこの例文で正しい。だけどひとり分のチケット料金を尋ねる状況で、例文の言い方をして誤解する人なんていないはず。

"I use this."(私はこう言うわ)と Canada 出身の友人は言った。「シンプルな言い方だし、どこに問題があるの?」僕は尋ねてみた、「文字そのままの意味に（literally）取ると人間の販売価格を尋ねているということにならない?」彼女は笑った。"Seriously?"（マジで言ってるの?）

Michigan 出身の英語教師も同じことを言った。"It wouldn't bother me. I even say it."（全然気にならないよ。僕だって言うもの）さらにこんなことも。「**文字通りに意味をとらえるよりも、実際の会話では人は状況をみて判断するものだと思うな**」この意見に僕は全面的に賛成したい。「How much is one person? がダメ? No way.（ありえない） どうして? 何が理由でそういう説があるわけ? え、人身売買? アハハ、それは面白い。想像力のテストなの?」これは Today's hot. の回でも意見を紹介した California 出身のナレーターの意見だ。

唯一ちょっと違う意見を言ってくれた友人の意見も紹介したい。「これ（例文）がダメ? Oh, God.（驚いたな）Well, OK, it's a little bit unusual.（そうだな、分かった、通常の言い方とは少し違う）But not weird.（だけど奇妙じゃない）そして definitely understandable.（完ぺきに理解できるよ)」彼は日本で行われる英語関連の資格試験問題を作成する仕事をしている。

How much is one ticket?　とか How much is it for one person? とか How much is a ticket for one? とか、みんなで別の表現も言い合った。そんなときに、How much is one adult? と言った友人がいた。「うん、それも言うよね」と話は進んでしまったけど、今、考え直すとこれは例文と同じ作りだ。「大人ひとりいくら？」これは「人ひとり」よりも範囲を限定するから誤解が少ないのかな？　いや、同じか。「子供ひとりいくら？」と言って「子供の売買価格」を尋ねているとも「子供ひとりあたりのチケット料金」を尋ねているとも言えるものね。

また大げさなことを、と思われるかもしれない。でも僕は思う、理解しようとする心で他人の意見を聞く、アメリカ人はそういう国民だ。なぜか。外国人との communication に慣れているからだ。世代を3つか4つさかのぼるだけで、色々な国の人の集まりでこの国ができているのが分かる。The most basic of all human needs is the need to understand and be understood. The best way to understand is to listen to them.（人間が生きて行くのに最も必要とされることは理解し合うことだ。そのためのベストな方法は人の言うことをよく聞くこと）Dr. Ralph G. Nichols の言葉。僕を含めて僕の友人たちはみな、まわりの状況をみながら他人の言うことを理解しようと思う人ばかりだった。うん、いいことだと思う。

ネイティブに聞いてみたよ～♪

How much is one person?
これって気になる？

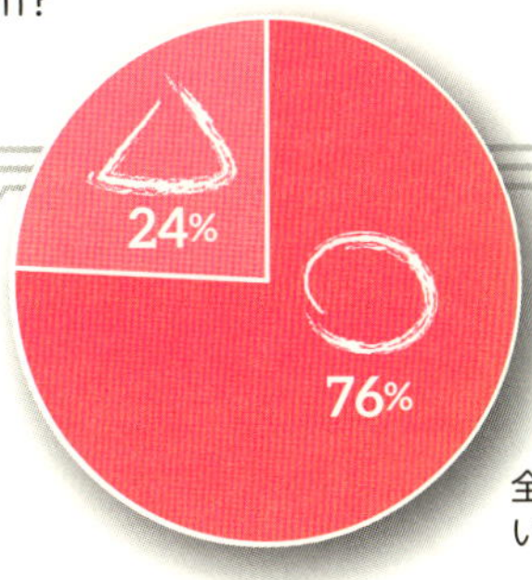

全く問題ない！　○
いいんじゃない？　△

「ごく普通に分かる言い方だね」（イギリス人・男性）

「別に奇妙じゃないわ。チケットについて聞いてることくらい、すぐ分かるし」（アメリカ人・女性）

うん、これはよく聞く話だね。都市伝説的によく聞くね。

マジ⁉

「タクシーを呼んでほしい」のに……

Call me taxi. で大失敗！

「**タクシーさん**」と呼ばれた。

Call me **a** taxi. の a が必須。

冠詞、私にはわかりません……

助けてカンさん！

これ、有名なジョークだよね。だけど日本の人たちにぜひ知ってほしいのは、**別に a があってもなくてもこのジョークは存在する**っていうこと。

Customer: Good morning. Call me a taxi, please.
Bell captain: Yes, sir. You're a taxi.
ホテルのフロントで客は「僕にタクシーを呼んでくれる？」と言っている。だけど Bell captain はわざと誤解する。「僕をタクシーと呼んでくれる？」と依頼されたと思ってこう言う。「かしこまりました、お客様。あなたはタクシーです」

これもまったく同じ joke.
Kid: Make me a sandwich, Mom.
Mom: OK. I'll try. Mmm ... Poof! Now, you're a sandwich.

「ママ、僕にサンドイッチを作ってよ」と子供が言う。ママはちょっと難しい顔をして答える、「分かった、やってみるわ」そして手に魔法の杖を持っているようなフリをして子供に呪文をかける。“Poof!”（これは魔法の呪文をかけるときなどの決まり文句です。日本語にはないと思う）そしてママは子供を見て言う、「あなたはサンドイッチになったわ」。つまり「僕にサンドイッチを作って」と子供が言ったセリフを「僕をサンドイッチに作り替えて」とママは勘違いした、という joke ね。バカみたいだけどかわいいでしょ。

この joke には続きがあるんだ。
Kid: No! A real peanut butter sandwich!
Mom: Oh, why didn't you say so? Mmm ... Poof! Now, you're a real peanut butter sandwich.
子供は言う。「違うよ、本当のピーナツバターサンドイッチだよ！」ママはびっくりした顔でこう答える。「あら、どうしてそう言わなかったの？」そしてふたたび呪文をかける、“Poof!” そしてママは子供にほほえむ、「ホラ、これであなたは本当のピーナツバターサンドイッチよ」。アメリカ人なら誰でも知っている joke だよ。

話を戻そう。友人たちは言った。「**a があるとかない、ということよりも、これ、please をつけた方がいいんじゃない？**　だって他の言い回しではていねいな言い方とか失礼ではない言い方とか、そういうことにこだわっていたでしょ。例えば **Can you call for a taxi, please?** これならきちんとした言い方だよね」別の友人は少し考えて言った。「**Will you get a taxi?** なら日本の人にも言いやすいし、失礼じゃないんじゃない？　これならダメと言われないと思う」
誰も a がある、ない、を問題にしていなかった。僕も例文の言い方だとちょっと命令っぽいよね、とそんなことの方が気になった。

例文のことに話を戻すともちろん Call me a taxi. が正しい。でも a があってもなくても joke にする人はいる。ホテルの bellboy にはいないと思うけどね。だから**言いたいことを伝えるためには何の問題もない**。だけどもしもあなたが、"Hello, Mr. Taxi." と呼ばれることがあったら相手はジョークを楽しみたいだけ。あなたは元気よくこう言えばいい。"Brrrr!" って。（ブルルル＝エンジン音のつもりで）え？　つまらない？

ネイティブに聞いてみたよ～♪

Call me taxi. は
どうなのかな？

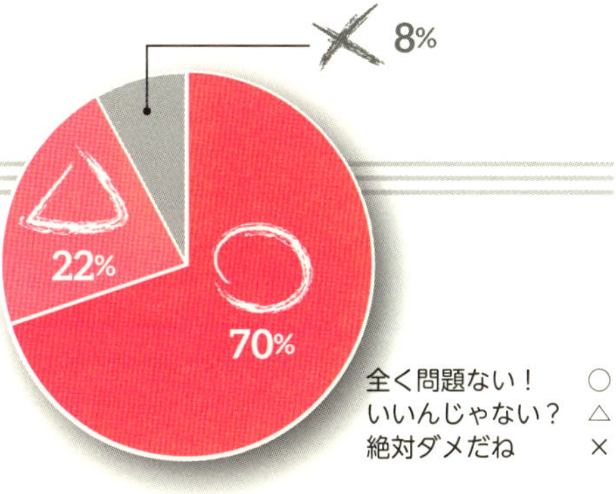

「please を付けて礼儀正しく頼むともっと良くなるわね。例えば Could you please call me a taxi? とか」
（アメリカ人・女性）

「意味は明白。でも、もうちょっとていねいに言ってほしいかな」
（オーストラリア人・男性）

次のはすごい解釈だよね。斬新な見方と言ってもいい。

定説

グラスワインを注文するとき ——

I'd order wine by a glass. は

通じない！

「**グラスの横**（by）のワインをくれ？」

ウエーターには意味不明。

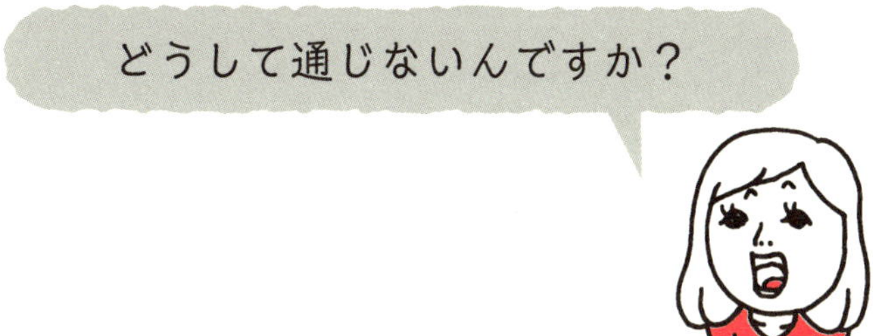

どうなのカンさん！

正しい言い方は I'd like to order wine by the glass. なんだ。「何それ、by the glass でも by a glass でもたいして変わらないじゃん、別にいいじゃん」と思うかもしれない。後で紹介するけど、実は僕の友人たちはその意見の方が多かった。ただ僕はとてもまじめな性格なので、この場合なぜ the なのかをちょっとだけ説明したい。the と a の使い分けをややこしく感じる日本の人は多いと思う。当たり前だよね、日本語にはそれに当てはまるものがないんだから。でもルールがいくつかあるだけで本当はそんなにややこしくはない。

単位を言いたいとき、それはもう理由もなく the を使う、そう考えればいいと思う。「僕の母はポンド（=450g 位）単位でバターを買うよ」と言うなら "My mother buys butter by the pound." だし、「メートル単位で課金される（タクシーとか）」なら "be charged by the meter”と言う。だから例えば「バターを100グラム単位で買う」と言うときも“buy butter by the 100 grams”としつこいくらいに the がついてくる。またこの3例はすべて「ポンド単位で」「メートル単位で」「100グラム単位で」というように日本語の「で」がついているよね。the の前にある by は「〜単位で」の「で」に当てはまる。だから「〜単位で」という意味のときは必ず by も一緒についてくる。つまり単位を表現したいとき、そして言いたいことが「〜単位で」という内容なら、“by the XX”のように by と the の2つがセットになってフレーズが作られるんだ。例文は「wine をグラス単位でくれ」と言いたいわけだから by the glass になる。

面倒くさいことを言ってると思うだろうけど、もう少しだけ付き合ってほしい。上のバターの話に戻る。「このバターは1ポンドあたり500円です」と言うなら“This butter is 500 yen a pound.”と言う。ここでは a pound になる。なぜか。これは単位というよりも「1ポンドにつき」とか「1ポンドあたり」というニュアンスで1(いち)に意識が focus されている。だから a pound だ。僕は前ページで「もう理由もなく the を使う、そう考えればいい」と書いた。

でもそれはこの本を読んでくれる人たちに失礼かな、と思ってちょっと調べてみた。そして理由が書いてある本をいくつか見つけた。とても長い話を短くすると、例えば今回の単位は pound であって、ounce や gram などの他の単位ではない、という意味を強調するために the を使うということらしい。「ふーん、そうなんだ」と僕は思った。あなたの納得の助けになったら僕はうれしい。

これを得意になって友人たちに言わなければよかった。“You're stupid.”（お前はバカだ）とか “Oh, Kan, you, such a square!”（Kan, あんたってとってもつまんない人ね）とか「ただ確かめればいいだけじゃない、Do you mean you want a glass of wine? って」とか “Come on! It's so obvious, isn't it?”（頼むよ、分かりきってるだろ？）とかさんざん言われてしまった。確かにその通りだよね。僕は文法の学者でもないのに、なぜこんなに細かいことを言って人を退屈にさせているんだろう。一瞬、落ち込みそうになったけど思い直した。僕はこの本のためにそう聞いているだけだ、この本はきっと楽しいものになるはずだ、と自分に言い聞かせた。そして僕が好きな言葉を思い出した。
My glass is half full!（「前向きに生きていくよ」という意味。グラスの中に水が半分しかないと考えるか、半分もあるよ、と考えるか、どっちの性格？とかそういう意味でよく使われます。このフレーズで決めようと思ったけど最後にこんな風に解説を書いてしまうと全然カッコよく決まらないな、残念だ。いや、違う、次もがんばろう！）

ネイティブに聞いてみたよ～♪

I'd order wine by a glass.
これってどう？

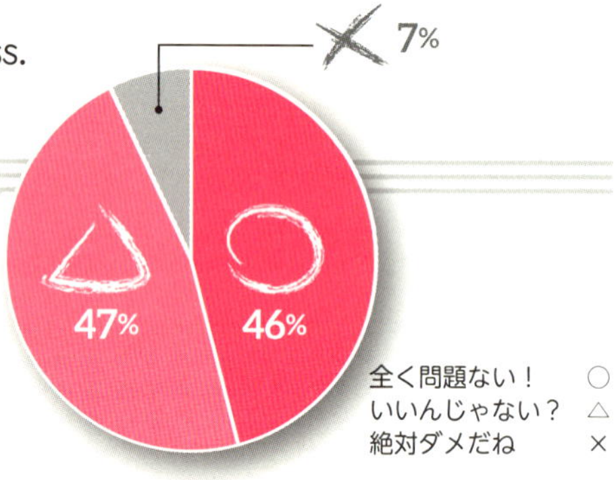

「I'd order だと、いつか注文するかもしれない……というニュアンスが感じられる」（イギリス人・男性）

「I'd like to order ならベターだね」
（オーストラリア人・男性）

a と the の違い以前に、I'd order に引っ掛かって△とした人が目立ったよ。細かい部分の良し悪し以前に、文意を丸ごととらえるネイティブらしさが感じられたね。

第5章

相手あっての会話だからさ

コミュニケーションのカギは「想像力」と「思いやり」だと
第２章で分かったよね。ここからはそれを発展させてみよう。

会話で大事なのは、言葉のキャッチボールだと思う。

そのために相手がいるんじゃないか。

小さな間違いを修正しながら、話が弾めば楽しいよ。

突っ込む必要ないんじゃない？

言い間違ったりしながらも、ちゃんとお互い理解できる。それが会話のいいところ。試験じゃないし、気楽に行こうよ。

Q

夕食にチキンを食べたんですけど ――

I ate a chicken for dinner.

この **a** で**誤解**されますか？

「ニワトリ１羽食べた」なんて。

実際はローストチキン１切れデス

教えてカンさん！

「**ちょっと考えれば分かるだろう？**　ニワトリを丸ごと１羽食べたのか、そういうつもりじゃなくて言っているのかくらい」「ちょっと考えれば、ってどういう意味？」「もしも I ate a chicken. と言ったのが可愛い女性なら、ニワトリ丸ごと１羽食べるってありえないだろう、という意味さ」「あら、私は可愛い女性だけどニワトリを丸ごと１羽（a whole chicken）食べたことがあるわよ」「Ouch!」

「ネイティブスピーカー同士の話なら、ニワトリ丸ごと１羽を食べたんだと考えるよ。だけど英語を母語にしない人が言ったのならチキン１ピースだと考えるな」
“I think very few people would assume that it's a whole chicken.”（それがニワトリ丸ごと１羽のことだと考える人はほとんどいないんじゃないかな）

これらは僕の友人たちの意見だ。他にもたくさん意見をもらったけど、まとめると「**状況と言い方で分かるだろう**」というものが多かった。僕もそれに賛成したい。

取り上げた最初の例はたくさん食べる女性には失礼だったよね。すみません。California にいる僕の姪も Christmas holidays のときにニワトリ丸ごと１羽を１日かけてひとりで食べたことがある。そのときに彼女の父親である僕の弟は “Wow, you ate a whole chicken!” と言っていた。

chicken には「ニワトリ」という意味と「鶏肉」という意味の両方がある。それが話をややこしくしている。牛や豚の場合と比べてほしい。動物としての牛は cow だよね、それが肉になると beef と名前が変わる。牛肉のことだ。動物としての豚は pig、食べ物としての豚肉になると pork と名前が変わる。牛（cow）と牛肉（beef）はモノが違うので名前も違う、豚（pig）と豚肉（pork）も同様だ。だけど**ニワトリの場合は鳥としてのニワトリも、食料としての鶏肉も、両方とも chicken** なんだ。米と炊きあがったご飯、英語ではその両方ともを rice という、それと同じだね。

混乱を生む理由はもうひとつある。動物の cow、pig そして chicken は動物の数として数えられる。だけどそれらが肉になったとき、**肉は「イメージとしてとらえる」ものだから普通は数えたりしない**。数える必要があるときは、**a piece of** とか **a chunk of** という風に「イメージとしての肉」をノコギリか何かで切り分けて、見える形にして、数えられる次元に持ってくる。**数えられないイメージに形を与えることで数えられる形に変換する**、と言うと分かってもらえるだろうか。例文にはそれ（a piece of / a chunk of etc.）がない。

だから I ate a chicken for dinner. と言うと「僕は（動物としての）ニワトリをどこかで捕まえてきて、夕食として 1 羽丸ごと食べちゃった」という風に考えられなくはない。**だけどそれは現実的じゃないと思うんだ。** I like cats.（僕はネコが好きなんだ）と言うかわりに、間違えて I like cat. と言うとそれは「僕はネコの肉が好物だ」と言っているように思われるよ、という考え方と同じだ。確かに文字を厳密に分析していくとその通りだとは思う。だけど、そういう細かな分析は学問として言葉を研究をしている人たちに任せればいいような気がする。そんなことばかり気にしていたら、話すこと自体がイヤになってしまうでしょ。

それよりも「え、1羽丸ごと食べちゃったの？」「ええと骨付きのchicken legを1ピース食べたって言いたかったの。美味しいレストランだったわ」「あ、そうか。今度は僕も誘ってよ」「ぜひぜひ」みたいに**少しくらい誤解があってもそれを修正しながら会話が弾んでいった方が楽しい**と思うな。

一生懸命原稿を書いていたらお腹がすいちゃったよ。I'm very hungry! I could eat a horse!（ウマ1頭でも食べられるくらい腹ペコだよ！）

ネイティブに聞いてみたよ〜♪

I ate a chicken for dinner.
これ、ヘン？

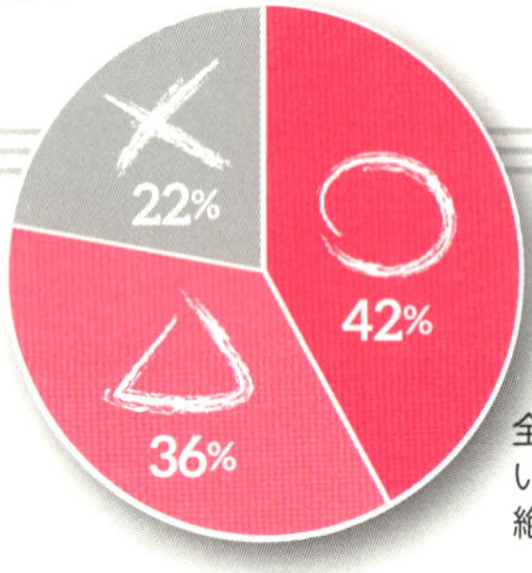

全く問題ない！　○
いいんじゃない？　△
絶対ダメだね　×

「何、その英語!?」って大笑いされるほどの間違いじゃないよ。

「1羽食べたのかな、と思う。でも、いいじゃないの。だって、私自身にその経験があるから！」
（カナダ人・女性）

わっ、僕の姪や友人以外にもそんな人いたんだ！
やっぱり、チキン程度なら1羽完食もアリってことじゃない？

うん、なんだか通好みのお題が出たみたいだね。

マジ!?

会議で意見を求められ ——

I have no idea. で

評価が**ダウン** !?

「**そんなの知るか**」

に聞こえたって！

こりゃ相当ヤバイっすね！

助けてカンさん！

何を言いたいかだね
返事のコツを知ると安心

ダメかダメじゃないかは質問による。

例えばこんな situation。貧乏なミュージシャンふたりがバーで飲んでいる。彼らはカウンターの奥でひとりで飲んでいる女性を見つける。彼女を見つめてどちらかがため息をつく。そしてその後にこんな会話が聞こえる。「キレイだと思わない？」「かわいいな」「口説きに行く？」「やめとけよ、また水をかけられるぞ」「男を待ってるのかな？　彼氏はいるのかな？　やっぱり貧乏人は嫌いかな？」もうひとりが言う、「そんなこと知るか」…。下品な例でごめんなさい。こんな状況のとき、この会話の最後の「**そんなこと知るか**」、これに当てはまるのが“**I have no idea.**”だ。今夜バーで見かけただけのそのキレイな女性がそこで男性を待っているのか、彼女には付き合っている恋人がいるのか、さらには貧乏でもお付き合いは可能なのか、そんなこと分かるわけがないよね。そういうときに使う表現が I have no idea. なんだ。「**見当もつきません**」「**想像もつきません**」「**さっぱり分かりません**」

という感じ。だから意見を求められたとしても、そういう気持ちで“I have no idea.”と答えるなら、まったく問題はない。

でもこんな場合はどうだろう。あなたは新しい商品についての企画会議の場にいる。上司は自分ではあまり考えないくせにあなたに平気で言う、「何かアイディアはない？」って。あなたは言いたい、「え、また私ですか？　私、毎週いくつもアイディアを出しているじゃないですか。ご存じの通り今週はずっと忙しかったので、今回は**ちょっと思いつくものがないんです**」こんな状況なら“**I have no ideas.**”または“**I don't have any ideas.**”が本当はふさわしい。でも僕個人としては“I have no idea.”（さっぱり分かりません）と言っても別にいいんじゃないかと思うけどね。

友人たちからとても面白い意見をもらったので紹介したい。「意見を求めた人はどういう言い方で尋ねたんだろう？」そう言った友人が何人もいた。
「**尋ねられた通りに答えればいいんだよ**」と言ったのは Texas 出身のミュージシャン。California 出身の声優で、英語を教える仕事もしている友人も似たようなことを言っていた。「英語はとても便利な言語だと思うわ。質問に答えるときにはその問いに使われた言葉をよく聞いて、それをくり返せばいいと私は生徒たちに教えている」

あなたは企画会議か営業会議に出席している、そこで「何かアイディアはない？」と聞かれた、そういう状況だとする。その場合ならおそらくあなたは“Do you have any new ideas?”と尋ねられたんじゃないか、と彼らは言うんだ。それならカンタン、あなたはその質問に使われた言葉を使いながら“I have no ideas.”と答えればいい、それがふたりの意見だ。実は「質問をマネして答えればおかしな誤解はさけられる」と答えた人は他に何人もいた。今でこそミュージシャンだったり、研究者だったり、演技指導者だったり、様々な職業についているけど、彼らの多くが来日当初は英語を教えることを仕事にしていた。だから、質問に対しての答え方、その教え方を語る人が多かった。「質問の言い方をよく聞いて、その表現をマネしながら答えればいい」。とても思いやりのある意見だなと僕は思った。彼らはきっといい先生だったんだろう。そして今もね。

どうして I have no idea. と I have no ideas. では意味が違うのか。それはこのふたつの文で使われている idea という単語、見た目は同じだけどその意味が全然違うから、というのがその答えだ。前回の chicken と同じだ。日本語で言う「アイディア」は「案」という意味だよね、だから「1 コの案」とか「10 コの新しい案」とかいうように数えることができる。一方、最初の situation でミュージシャンが言った最後のセリフは「そんなこと知るか」だよね。この場合の「そんなこと」とは「彼女が男性を待っているのか、恋人はいるのか、貧乏人でも彼女の恋人になれる可能性はあるのか」といったこと。それは「案」とは違うよね。じゃ、何なのか。何だろう…僕の言葉では表現できなかったので辞書に助けを求めた。「**認識**」「**見当**」「**理解**」といった言葉を見つけた。それらが近いと思う。そしてこれらは数えられない。**数えられるときには「案」という意味、数えられないときには「認識」という意味。**つまり、idea は数えられるときと数えられないときでは全然違う意味を持つ単語なんだ。何なら、見た目が同じだけのふたつの別の言葉、と考えてもいいかもしれない。

ネイティブに聞いてみたよ～♪

I have no idea.
と言われたら？

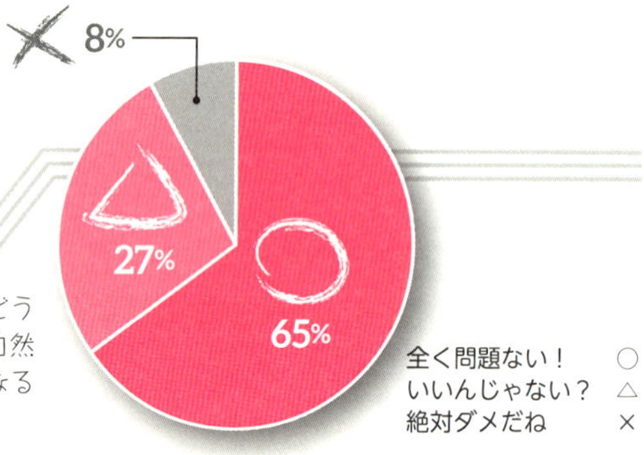

どんな質問をされて、どう答えたいかによって、自然にもなれば不自然にもなる言葉だね。

「この映画の感想は？　そういう質問への答えとしては不自然だね。でも、どっちの映画がオススメ？ と聞かれて、さあねぇ～と迷ったら、I have no idea. と答えていい」
（イギリス人・男性）

前置詞も冠詞も、行きすぎた解釈をするのはどうかと思うんだよね。

定説

「バスで通勤しています」のつもりでも

I go to work by a bus.

だと**違う意味**に変貌。

「**バスの隣**（by）の職場に

通っています」になる。

すごく細かくないですか？

どうなのカンさん！

“Hey, come on! It’s just a teeny-tiny thing.”（なあ、頼むよ！ほんのちっぽけなコトじゃないか）、“It’s very clear what he or she wants to say.”（その人の言いたいことはとても明確よ）、“Very strict with grammar.”（とても文法に厳密なのね）そんな意見が多かった。

僕も bus の前に a があるからといって誤解はないように思う。**もしも「バス車両のとなりに職場がある、というように聞こえるか」と尋ねられても僕は「そんなことはあり得ない」と答える。**

正しい言い方は I go to work **by bus**. だ。bus になぜ a がつかないのか、その理由は前々回の chicken にも少し書いた。理由はそれと同じなんだけど、もしかしたらこちらの方が分かりやすく説明できるかもしれない。だからこれについてもう少し書いてみる。

僕は前々回、「肉はイメージとしてとらえるもの」、だから数えたりしないと書いた。「肉をイメージとしてとらえるって何それ？　意味分かんない」と思うかもしれない。それなら例えば「愛」とか「恋」ならどうだろう。イメージとしてとらえるという意味がもう少し分かりやすいんじゃないかな。「あなたの去年の恋」とか「あなたが愛している人」ではなくて、「愛とはどういうものか」とか「恋愛とは」と考えてみてほしい。そのときあなたの頭にうかぶのは愛の「コンセプト（concept/conception）」だと思う。日本語で言うと「概念」だろう。これは数えたりできるものじゃないよね。そもそも数えるという発想さえ出てこないんじゃないかな。よく「これは『数えられる名詞』ですか、それとも『数えられない名詞』ですか？」という質問を聞くけど、僕は**「数えられない名詞」は「数えるってことが思いつかないタイプの名詞」である場合が多い**と思うんだ。A「恋人」は数えられるけど（過去の恋人たちとかそういう意味です）B「愛というものの概念」は数えるっていう発想はない。誰だって「恋人」を数えたことはあるだろうけど、「愛そのものの概念」を数えるってこと、思いつきもしないでしょ。それと同じ。A も B も英語では love と見た目はまったく同じ単語。それなのに A は単数形になったり複数形になったりする。一方 B にはそれがない。だって数えるということ自体思いつかないから。

I go to work by bus. の場合もそれとまったく同じ。彼は「バスっていうもの」で仕事に行っている、と考えてみてほしい。例えば、I saw **a bus** at the corner.（角でバスを見たよ）の場合は、**はっきりと「バスの形や色」が頭の中にある**よね。でも、If you go there **by bus**, you'll be in time.（もしもバスでそこに行くのなら間に合うよ）と言う場合はどうだろう。**バスの「形や色」は頭に浮かばない**と思うんだ。「車なら何分かかるよ、バスなら何分、電車なら…」と言うときにも同じだよね。きっと車そのものの「形や色」は思い浮かばない、つまり「数えるってことが思いつかないタイプの名詞」に言葉が変わってしまっているんじゃないかと思うんだ。どうだろう。あなたの頭の中をあなた自身でのぞいてみてほしい。

よく「手段や方法の場合は a がつかない」のような説明を見る。それはきっと正しいんだと思う。だけど、それなら「黄色いバスで仕事に行く」や「公共のバスで仕事に行く」と言いたいときに混乱するんじゃないかと思うんだ。「黄色いバス」なら **I go to work by a yellow bus.** だし「公共のバス」なら **I go to work by a public bus.** になる。今度は両方ともに a がつく。なぜだろう。**yellow とか public のような言葉がつくことで bus が限定されてしまって、**

ばくぜんとした「概念」から形や色が頭にうかぶ「モノ」に変わってしまうからだと思うんだ。僕の話はあくまでもこのように考えると「数えられたり数えられなかったりする理由」が分かりやすいんじゃないかな、という提案。

だから例文のように、誰かが I go to work by a bus. と言うのを聞いても、僕は驚かない。その人の頭の中には「こんな感じのバス」という形とか色があったけどそれをうまく表現できなかった、またはそれ（a yellow bus とか）を本当は言おうとしたんだけど途中であきらめちゃった、とかそんな印象があるだけ。必要なら僕がそのあと確かめればいいだけだよね。「どんなバスなの？」「いや、別に普通のバスだけど」こんな会話が続けば何の問題もないはずだよ。

ネイティブに聞いてみたよ～♪

I go to work by a bus.
は OK ？

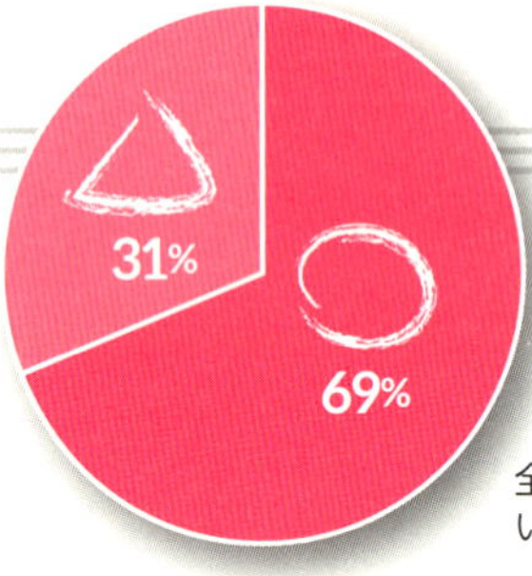

やっぱり～。×だと答えた人はいなかったね！

「意味は明らかに分かるわよ。by a bus と聞いたら、あ、この人は英語圏の人じゃないのねと気付くくらいかな」(イギリス人・女性)

「何か特別なバスが念頭にあって a bus と言ったんじゃない？　例えば会社のバスとか」
（イギリス人・男性）

そろそろ a にも抵抗を感じなくなってきた？　え、まだ？

Q

ランチに誘いたいけど

Would you like to have a lunch? で

相手は**ドン引き**!?

これ、「**分け合って**食べよう」？

やだー。そんなつもりじゃ……

教えてカンさん!

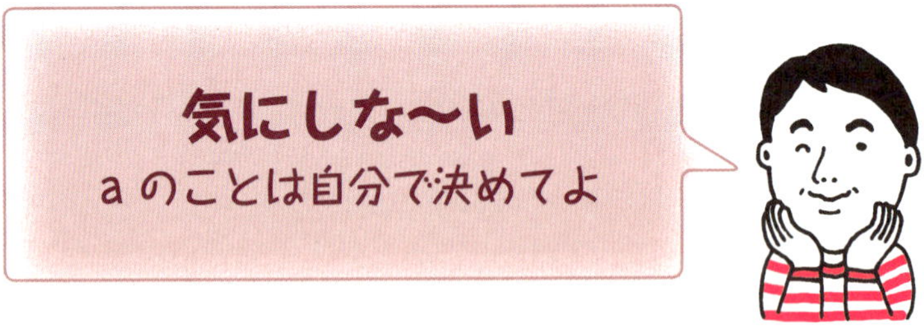

「お昼ご飯を食べない？」って誘っている、それが伝わらないわけはないと思う。それが僕の意見。僕の友人たちも殆どがそう答えた。「一瞬、ん？と思う」と答えた友人がいたけど、その場で彼は「想像力が欠如している！」「もっと脳を使う毎日を過ごすべきだ」などとさんざんな言われようだった。だから、例文のような表現でもおそれずに使って、ぜひ素敵な人と美味しい昼食を楽しんでもらいたいと思う。以上。

と、これで終了にしたいくらいなんだけど、「例文の言い方で特に問題はありません」という解説がいくつも続いているので、今回は「**誤解を生む理由**」をお話ししたいと思う。

正しい言い方は **Would you like to have lunch?** だ。a がつかない。「なんだ、また a の話か」と思うかな。そう、また a なんだ。だけどこれは前回の bus よりもずっと分かりやすいと思うよ。ちょっと想像してみてほしい。あなたは会社の昼休み、思いを寄せている誰かをお昼ご飯に誘ってみた。あなたは何気ないフリをしてこう言った、「あ、もう 12 時か。ねえ、お昼ご飯食べに行かない?」…このとき、あなたの頭の中に存在するものは、彼女(男性でもいいんだけど)とご飯を食べるという「行為」だと思う。それを「イメージ」という言葉に置き換えてみる。あなたの頭の中にあるもの、それは「彼女とお昼ご飯を食べる、というイメージ」だ。前回では同時に「概念」という言葉を使った。この章では「イメージ」という言葉だけを使うよ。理由はただ単純に「概念」は僕が使い慣れていないから説明しにくい、それだけ。「概念」と同じ意味で使うからその方が分かりやすかったら「イメージ」のところを「概念」に置き換えて読んでほしい。話を戻すよ。あなたの頭の中にある、**彼女と一緒に「お昼ご飯を食べるというイメージ」は数えられるモノじゃない**よね。1 コだったり、また複数あったりするものじゃない。だから a がつくこともないし、複数形になったりすることもない。単数形、というのとも少し違う(←これは僕の意見)。「**数えるという発想がない**」そういうものだと思うんだ。

だから、もしも “Would you like to have a ...” と続くのなら、それは「数えられる何か」というよりも**「目に見える具体的な何か」を勧めてくれている**と感じるんだ。この場合は、a のあとに lunch が続くわけだから、勧めてくれるのは、例えば「お弁当」だったり、目の前に差し出してくれている「プレートに乗った pizza」だったり。つまり目に見える lunch だ。

前回の bus のところでもこの話をしたけど、bus が「手段や方法の場合は a がつかない、それ以外のときには冠詞がついたり複数形になる」という解説を参考書の中に見る。lunch も「食事の動作、行為に注目しているときには a がつかない、ひとり分の食事という場合や食事の種類のときには a がつく」というようなことが書いてある。

それはきっと正しいと思う。ただ僕はその説明にはどこか違和感を持つ。発想は逆の順番だと思うから。「手段」として bus と言うんだから、この場合は a がない bus だよね、と思いながら “I go to work by bus.” と言っている人はいないと思う。**バスで仕事に行く、と言いたいとき頭の中に映像をむすぶバスの姿がないから a がつか**

ない。それだけ。

“I go to work by” と言いながら、**もしもそのときあなたの頭の中にバスの具体的な映像があるのなら、映像にはバスの姿も色も数も当然映し出されている。**だから自然に a yellow bus のような言葉が続く、そういう思考回路で話をしている気がする。

“I had a great lunch.”（最高においしいランチだったよ）というときも頭の中には映像としての lunch がある。僕がさっき食べたアレ、という映像がある。だから a が最初に口から出てしまってそれに引きずられるように great lunch が出てくる。例文の「お昼ご飯を食べない？」と言うときにあなたの頭の中に、具体的に映像にできる lunch の姿があるかどうか、考えてみてほしい。この単語には a がつくのかつかないのか、ではなくて、**あなたの頭の中にあるモノは映像になるのかならないのか、なるならどんな映像なのか**、ということを意識してみてほしい。そうやって考えると、そしてそれに慣れていくと **a がつくかつかないかは自分が決める**こと、そんな気持ちにさえなってくるんじゃないかと思うよ。

乱暴な意見かもしれないけど、あなたの頭の中にあるイメージまたは映像が a があるかないかの理由だ。その理由に従えばいいと思うんだ。a くらいであなたの心に limitation を作らないでほしいと思う。イギリス、ウェールズ地方のことわざにこんなのがある。Reason is the wise man's guide, example, the fool's.（賢い人の行動には理由があるが、愚かな人は前例に従うだけ）　例にばかり頼らず、ぜひ自分でも考えてみて。

ネイティブに聞いてみたよ～♪

Would you like to have a lunch?
と誘われたら？

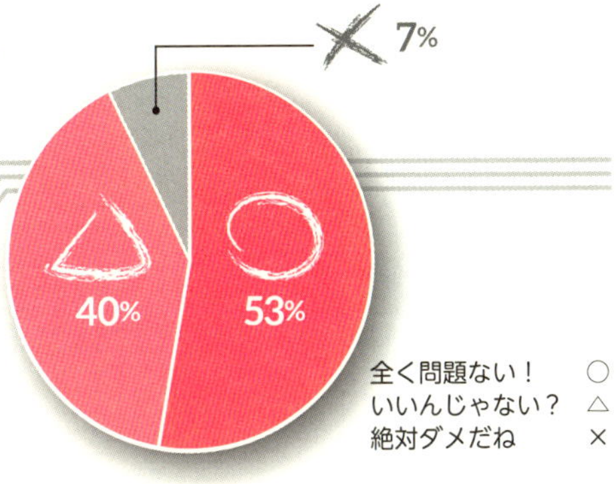

次のコメントから、回答者の判断基準がよく分かるね。

「昼食に誘ってくれてるんでしょ。それは分かるよ。でも、文法的には不完全で、1人分のお弁当を手渡してくれるようにも解釈できる。で、結局、僕は△としました」（イギリス人・男性）

ま、実生活のやり取りでは、大きな問題は起こらなそうだね。

キミたち、ホントいろいろ言われながら英語を学んでいるんだな〜。

マジ⁉

手を貸してほしいとき ――

Help me, please. は

かなり**大げさ**！

必死の懇願に聞こえて場違い。

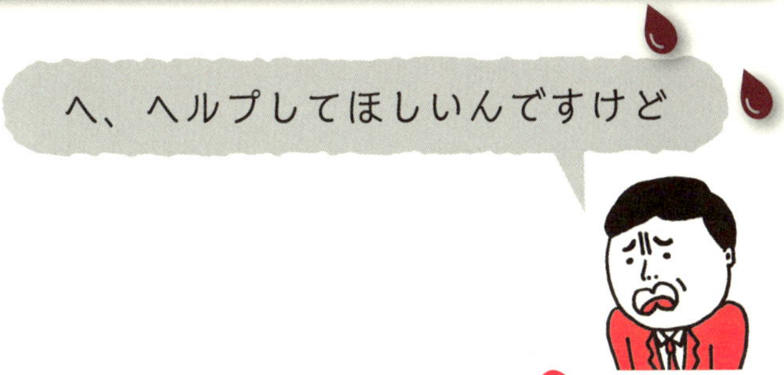

助けてカンさん！

考えすぎかな〜
言い方も大事だけど

「困っているんだからガタガタ言わずに助けてあげなよ。何が問題なんだ、It's very simple. Just help him.（カンタンじゃないか。すぐに助けてやれよ）」そう言ったときの友人の表情がおかしくて笑ってしまったけど、結局僕はこの意見が一番好きだ。
僕自身は、と言うと、僕は正直に言ってこの例文がダメと言われる理由が分からない。オフィスなどで使うには大げさだということかな。でも「ダメ」というのは言いすぎだと思う。

オフィスの中でも家庭の中でも、助けを求める状況はいろんなものがあるよね。例えばこんな situation。僕はクライアントさんと電話をしている。そのときにちょっとひじがマグカップにあたって自分のデスクにコーヒーをこぼしてしまった。僕は「ひえぇ」と思うけど、電話の相手はこの悲劇に気付くはずもない。彼は早口で話を続けている。僕は受話器をおさえて、近くにいる社員に助けを求める、声にならない声でこう叫ぶ。“Help me, please!”

別の友人はこんな例をあげてくれた。ある日職場で、彼女は自分のコンピュータから資料の 102 ページ目をプリントアウトしようとした。102 ページまでマウスをスクロールしなくても、ページ欄のところに目的のページ番号をタイプするだけで、すぐにそのページまで飛ぶことを彼女は覚えたばかりだった。だからちょっと得意な気持ちになって、“One-oh-two.” とつぶやきながら、P ボタンを押した。すると少し離れたプリンタからものすごい勢いで紙がでてくる。彼女はすぐに気がついた。「あ、私、150 ページあるこの資料を 102 部プリントアウトしているんだ！」頭の中が真っ白になりながら彼女は叫んだ、“Help me, please!”。来日してすぐ、日本の企業で 2 週間だけ働く internship のような期間に実際に彼女がやってしまったことらしい。

僕は友人たちとみんなで調子にのって、“Help me, please.” をオフィスで使う例をいくつも出し合ったんだけど、ここで紹介するのはこのふたつだけにする。でも他の例も含めて共通点があったんだ。それは、**状況がかなりまずい、そして緊急で助けが必要**だってこと。さらに上の 2 例に限っては叫ぶように助けを求めている。

ある友人は言った。「別に叫ばなくていいんだけど、ある人が僕に"Help me, please." と言っているのなら、彼は相当やばい状況にある、そして**彼なりにいろんなことを試してみたんだけど、どうにも解決できない**、そんな状況だと思う」

また複数の友人がこんなことを言った。「"Help me, please." は"please" という語はあるけどこれは、demand（わりと強い感じの要求）だ。request（頼む、お願いするという感じの要求）じゃない。もしもお願いする気持ちで言うのなら **"Could you help me?"** のように "Could you" や "**Will you**" を入れてみる方がソフトな感じがするよ」。だけどこれには反論もあった、「ソフトな感じが必要なら、**ソフトに "Help me, please." と言えばいい**じゃないか」

どちらも正しいと思う。そして demand の気持ちなのか request の気持ちなのかは、**その人にしか分からない**。さらに文字だけだと、その言い方は伝わらない。だから「"Help me, please." はダメ」という意見はちょっと乱暴な気がする。ただ、request のつもりなのに、強い言い方をしてしまって demand のように聞こえてしまう、という誤解はあるかもね。

ちょっと強く言いすぎてしまって「あ、まずい」っていうことあるじゃない。高校生の頃、僕が図書館で勉強をしていたときのこと、書棚の裏から何人かが小声で話している声がした。最初は我慢していたんだけど時々笑い声も聞こえてくるから、僕は気になって仕方がない。僕は彼らに聞こえるように、でもできるだけ小さな声で叫んだ。“Shut up!” すると書棚から不機嫌な女の子の顔がいくつも出てきた。その中には僕がその頃、恋をしていた女の子の顔もあって、僕は「ああぁ、しまったぁ」と思った。だから僕はすぐに付け加えた、“Will you?”。その恋が実ることはなかったけど、精一杯印象を和らげたつもりだった。

“Shut up! ... **Will you?**” / “Help me! ... **Can you?**” / “Go home! ... **Please.**” / “Walk fast! ... **If you can.**” などなど。「あ、言いすぎちゃった」と思っても、ちょっとそのセリフに付け加えることで取り戻せる人間関係もあるかもしれない。(ないかもしれない)

ネイティブに聞いてみたよ～♪

Help me, please.
これ、どうよ？

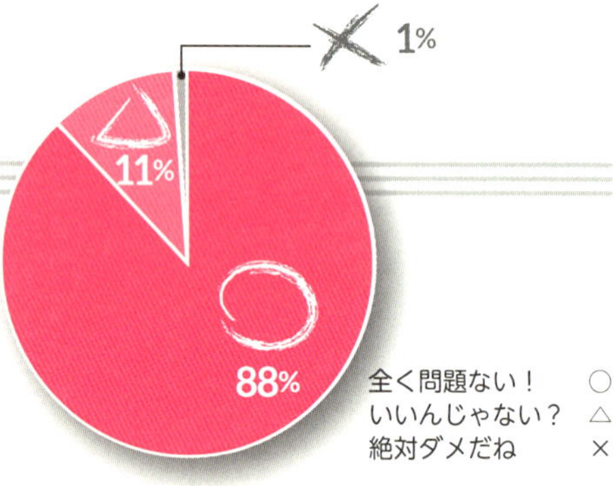

「問題ないでしょ！」と判断する人が9割近くいたよ。

「ゼツボー的に困っているようにも聞こえるけど、私は○とするわ」（イギリス人・女性）

強い要求（demand）に聞こえるね、という人もやっぱりいたよ。
「私は△かな。Please can you help me?（すみませんが、手を貸していただけますか？）と言えば、もっとソフトに依頼できるかもね」（イギリス人・女性）

★このフレーズもちゃんと通じるよ

I have free time tomorrow.

この表現はどこも間違っていないよ。僕の友人のなかではこれがダメと答えた人はひとりもいなかった。

例えば僕と友人は予定を合わせるためにもう1週間くらい、お互いに mail でやりとりをしている。ふたりとも available な時間がなかなかない。そんなとき、夜中に突然彼から mail が来た。“Hey, Kan, I have free time tomorrow. How about you?” 明日なら時間がとれるよ、とこんな風に使われる。

この場合、“I have some free time tomorrow.” と僕なら言うかもしれない。some を付け加えると、空いているのは a whole day ではなく、slot（時間帯）である、というニュアンスがより強調される。例えば「一日中時間が空いているよ」と言いたいときは “I'm free tomorrow.” という言い方もある。これには、明日ならいつでも大丈夫、というニュアンスがある。だから例えば僕が明日のデートに女性を誘ったとき、彼女が “I'm free tomorrow.” と答えてくれたら、僕は丸一日彼女と過ごす予定を立てる。だけど答えが “I have free time tomorrow.” だったなら、今はあまり多くを期待しないで、明日はまずランチだけにしておく。（下世話な例でごめんなさい）

COLUMN

数えられないときの beauty は「美」という意味だ。beauty of nature（自然の美しさ）とか traditional beauty（伝統美）とか The beauty is only skin-deep.（美しさってのは肌の厚みだけの話だよってこと。これ、ことわざね）のように使われる。だけど数えられる beauty は「美人」という意味。有名なディズニー映画に“Beauty and the beast”（美女と野獣）という作品がある。チャイコフスキーの有名なバレエ音楽を知っていると思う。“Sleeping beauty”（眠れる森の美女）というタイトルだ。intellectual beauty といえば「知的美人」のことだし、artificial beauty といえば「人工美」という意味と「整形美人」という意味がある。数えられるときの beauty と数えられないときの beauty、意味が違うふたつの別の単語なんだ、そう考えればややこしくないんじゃないかな。共通点はどちらも嫌いな人はいないってことだよね。

数えない beauty、数える beauty

第6章

ネイティブも言ってますけど

「今どき聞かない」「ネイティブならそうは言わない」
なぜかそう評価されているフレーズを取り上げるよ。
実際には、僕らが普通に使っている表現も多いんだ。
どこが悪いの？　と首をかしげちゃうんだよね。

オススメできない言葉づかいもたまにある。
でも、それを口にするネイティブも少なくはない。
生きた言葉ってそういうものだと思わない？

良し悪し以前に定番だからさ

どんな言語にも挨拶ってあるじゃない。もし間違って覚えていたとしたら、そりゃショックだよね。で、真実は？

定説

キホンの挨拶と思っていた

How are you? と

Fine, thank you. は

不自然なやり取り。

実生活では**言わない**。

ずっと使ってました。ショック！

どうなのカンさん！

例文の言い方がダメという説に対して、僕を含めて、友人たちの意見もすべて“No problem.”だった。“Not good? Why?”（ダメ？どうして？）、“I wouldn’t think it’s a bad expression.”（悪い表現だとは思わない）、“Natural and normal. I think it’s fine.”（自然で普通よ。その言い方でいいと思う）、“I disagree.”（例文がダメという説に僕は同意しない）、“I wouldn’t have any problem with it.”（僕は何も問題は感じない）など、言葉は違っても意見はみな同じだった。

こういう説があるなら、どうせならその説が生まれた理由は何か、考えてみようと僕は思った。「こういうことを言うと話題になるからよ。日本で英語を学んでいる人の 90 パーセントくらいが使う言い回しだからからかってるのよ、この説を作った人は」これは今まで NHK でいくつもの英語教育番組に出演し、日本の大学で講師の仕事も持つアメリカ人女性の意見だ。
からかっているのかどうかはいったん置いといて、僕は彼女の意見の「日本で英語を学んでいる人の 90 パーセントくらいが使う言い回し」に注目してみたい。なぜそんなに多くの人が使うんだろう。
「当たり前だよ、彼らは学校でそう習ってきたんだから」これは日本の有名私立高校で英語を教えていたアメリカ人男性の意見。そして彼は「僕は間違っているとは思わないよ」とも。

僕自身は、といえば **How are you? は使う**。よく使う。ただ Fine, thank you. は使わないかもしれない。どうしてだろう。たぶん fine が僕の vocabulary の中で自然に出てくる位置にないからだ。**僕は元気なときは "Good." とか "Perfect!" と言う。**「そうだね、Kan はよく perfect って言ってるね」と言われた。あとは**単純に "Fine." じゃないときだってある**からだ。最近、子供が生まれたばかりの友人は言っていた。「僕は **I'm OK.** (なんとかね)が多いかな。娘の夜泣きが多くて、このところ疲れてるから」「私もカクテイシンコクのころは睡眠時間が短くてつらいわ」カナダ出身のナレーターはそう言った。

それを聞きながら、問題はこれじゃないかと僕は思った。**実際の生活では "Fine." に当てはまらない状況はたくさんある**はずだよね。飲み過ぎで胃が疲れていたり、納品前で土日もなくとんでもなく忙しかったり、悪くはないけど元気というほどでもなく「まあまあ」だったり、死にそうにヒマだったり、身体は元気なんだけど恋人とけんかをしてしまって元気と言う気持ちにはなれなかったり、身体も心も超元気だったり。**本当は "Fine." じゃないときもきっとあるはずなのに、日本の人たちに聞くと殆どの答えが "Fine." だ。だから先ほど友人が言ったみたいに、ちょっとからかうような気持ちで誰かが言ってみただけなのかもしれない。**そしてそれが定説になってしまった。

ひとりだけ "Just a random thought,"（ちょっと思ったんだけど）と前置きしてからこう言った。「"How are you?" "Fine, thank you." というのが old-fashioned（古風な）言い方だってことはない？」それに対して「それは言えるかもしれない」「同意できないな」「standard な言い回しに old-fashioned も brand-new もない」「polite であることと old-fashioned は同じじゃない」など、また色々な意見が出た。ただその場で最も若い 20 代の女性が、「私はこの言い方をするわよ。"How are you?" と尋ねるし、聞かれたら

“Fine.” と答える」と言ったので、結局 old-fashioned では？という意見は取り下げになった。

最も simple で normal で natural であり、そして formal な場でも使える“How are you?” “Fine, thank you.” から習い始めることに何も悪いことはないと思う。そして**慣れてきたら自分の体調や心の状態に一番合った言い方もちょっと覚えて言ってみる**、そんな感じでどうだろう？

ネイティブに聞いてみたよ～♪

How are you?
と聞かれたら？

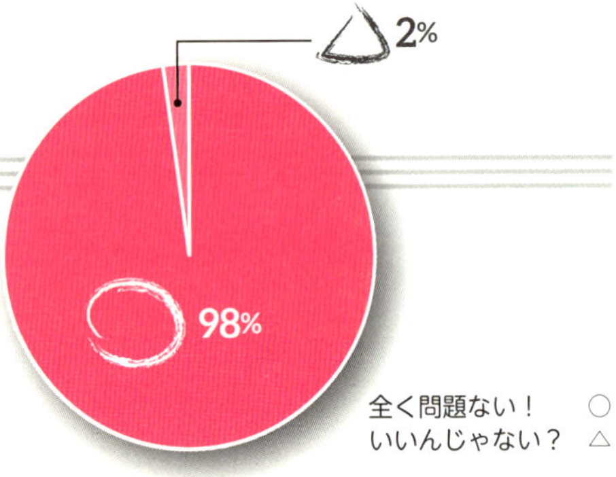

「僕は相手の名前とか、呼び掛けとかを頭に付けることが多いかな。
Tom, how are you? とか、
Hey, how are you? とか。
How're you doing?（どんな調子？）と声を掛けることもあるよ」
（アメリカ人・男性）

そうだね。ほかには How's it going?（どんな感じ？）や How's everything?（すべて順調？）と聞いてもいい。ただ、これらは How are you? より少しだけくだけた印象があるね。What's up?（どう？）が口癖の人もいるけど、親しい間柄だけでの言い方だから、ちょっと注意が必要かも。

Fine, thank you.
と返事されたら？

みんな「問題ない！」と言っている。パーフェクトな○が特徴だね。

全く問題ない！　○

「とても一般的な答え方で、どこにも問題ない。こう返すのは礼儀であって、必ずしも元気である必要はないわよ。just routine response（単なるお決まりの返答）というわけね」（アメリカ人・女性）

ネイティブの受け止め方は意外と柔軟だから、次もきっと……。

Q

カフェで注文するとき ――

I want coffee. は「コーヒーくれ！」失礼な客と思われる？

これじゃ何も注文できないわ〜

教えてカンさん！

結構言ってるよ
評価は個人差があるけど

こんな joke を聞いたことがあるよ。以下は娘とママの会話。

Daughter: Give me the salt.

Mom: “May I please have the salt?”

Daughter: Not till I get it. I asked first.

Mom: No. I mean you said, “Give me the salt.”

Daughter: Yeah, so give me the salt.

Mom: And I said, “May I please have the salt?” I mean, “MAY I PLEASE?”

Daughter: No! Not till I get it.

日本語にするとこんな感じ。

娘：塩ちょうだい。

ママ：「塩を取ってもらえませんか？」

娘：私がもらうまでダメ。私が先に言ったんだから。

ママ：違うのよ。あなた「塩ちょうだい」って言ったでしょ。

娘：そうよ、だから塩ちょうだい。

ママ:だからママは言ったのよ。「塩を取ってもらえませんか？」って。「も・ら・え・ま・せ・ん・か？」よ。

娘：ダメ！　私がもらうまでは。

ママはモノの頼み方を教えているつもりなんだけど、娘にはまったくそれが伝わらない。

子供のころは僕もしょっちゅう口の利き方が悪いと母からしかられた。最初か最後に“Please”と言えとか、人に何かを頼むときには“Will you ... ?”と言えとか、“Can you ... ?”で始めるだけでずっとていねいな言い方になるのに、などとよく言われた。だから僕自身はカフェでコーヒーをウエーターに頼むときも例文のようには言わないな。Could I have (a) coffee? と言うと思う。

それに対して友人たちの意見はこんなだった。「ホント？　僕は I want coffee. って言うな、まったく問題ないと思う」「私自身は言わないけど、カフェでそう言う人は多いと思うわ、問題はないかな」「書いてある文字だけみると、rude（無礼な）に見える」「I think it's perfectly fine.（私はまったく問題ないと思う）」「僕は polite な言い方じゃないと思う。確かにそう言う人はすごく多いけど、それと politeness とは違うよ」

いろんな意見が出たけど、共通していたのは「**例文の言い方をする人はすごく多い、それは分かっている**」ということ。**それをよしとするかどうかに意見が分かれた。**結局、「ダメという理由が rude である、ということならそれは Depends on a tone of voice.（声のトーンによるよ）」という意見にまとまった。

言い方はとても重要だけど、僕はもうひとつ理由があるように思う。それは want という言葉が持つ語の強さ。want と意味は同じなのに、I want coffee. の代わりに **I'd like coffee.** と言うと印象はずっとやわらかになる。want はとても straight な表現だ。それに対して would like は nice-nelly（遠回しな）と言うか、a bit euphemistic（ちょっと回りくどい）要素があるから日常で使う言葉だけど上品な言い方になる。だけど僕は友人たちに再び言われた、「You’re too picky.（うるさいなぁ）そんなことよりもやっぱり言い方の方が大事だよ」。そう、その通りだね。

ネイティブに聞いてみたよ～♪

あなたはウエーター。
I want coffee.
と注文されたら？

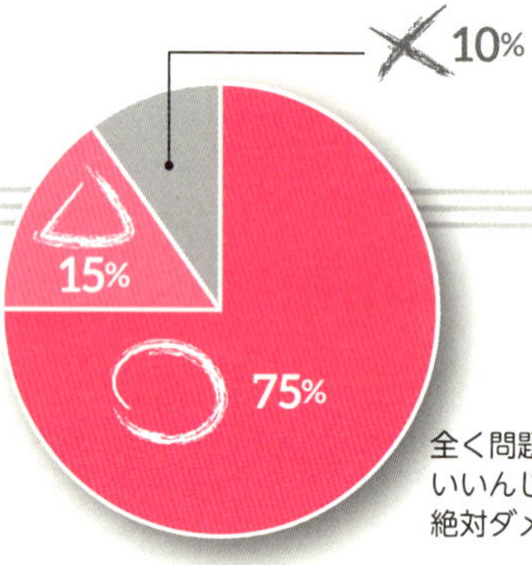

全く問題ない！ ○
いいんじゃない？ △
絶対ダメだね ×

意外なほど多くの人が「問題ない！」と判定しているよ。
「ちょっと失礼。でも、意味はわかる」
（オーストラリア人・男性）

「ネイティブでもこう言う人はいるからね。マナーの良し悪しは別として、不自然ではないよ。でも、please を付けてほしいな」（イギリス人・男性）

want が全く気にならない人もいるんだよね。
「私なら a を付けて、I want a coffee.（コーヒーを１杯ください）と言うかな。want は問題ないわよ」
（イギリス人・女性）

最後のお題だよ。あと数ページ、しっかり読んでほしい！

マジ!?

ケーキをもっと欲しいけど……

May I have more cake?

はヒンシュクもの!?

実は子どもっぽいおねだり文句？

あの、食べずにガマンしろと……？

助けてカンさん！

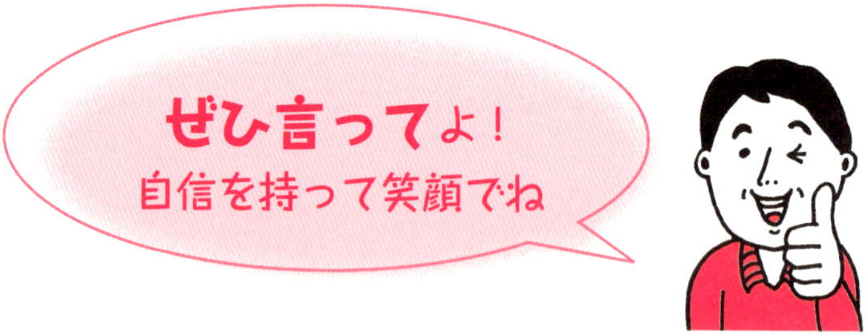

“Nothing wrong with this.”（まったく間違っていないよ）、“No problem.”（何も問題はないわ）、“I don’t understand. What’s the problem?”（分からないよ、何が問題なの？）、“Not good? Why?”（良くないの？　なんで？）、“Much better than ‘Gimme more cake,’ isn’t it?”（もっとケーキをくれ、というよりずっといいんじゃない？）　表現は違っても、僕の友人の全員が同じ意見だった。

ある友人が言った。“This expression is DA-ME? May I ask you the reason why?”（この表現がダメ？　理由を聞いてもいい？）これは、「“May I ...?” と僕もこんな風に使うのに」という彼の joke だ。僕はこれを言われたときにひとつ、気付いたことがあった。joke は大げさな方が面白い。だから彼の May I ...? の使い方はこの場合は成功している。でも joke じゃなくて、友人同士の会話だったら May I ...? と言われると少しおおげさな感じがする。英語としてはまったく間違っていないけどわざと May I ...? という言葉を選んでいるという印象がある。友人同士では、May I ...? よりも Can I ...? という言い方をする場合の方が多いからだろう。Can I ...? の方が、少しだけ casual な印象があるから。

でもこう言った友人もいた。「私は人に何かを頼むときには May I ...? と言うように習ってきたわ、例文の状況がカフェだったしても、友人宅だったとしても、私は May I have more cake? と言うわ。もしかしたら some をつけるかな？ May I have some more cake? と言うわ」

「もっとケーキをくれる？」と言う場合、例文以外にも言い方がある。僕ならカフェでも友人宅でも Can I have (some) more cake? と言うと思う。これはさっき言ったように May I ...? よりも casual な印象がある言い方だ。Could I have more cake? と言う人もいるだろう。これは例文よりもていねいになる。

また例文を、Will you give me more cake? という言い方に置きかえると、さらにバリエーションは増える。Would you give me ...? / Could you give me ...? / Can you give me ...? といったように。これらの中では、Would you? / Could you? / Could I? が一番 polite なグループ。その下が Will you? / May I? で、最も casual な言い方は Can you? / Can I? だ。

ただし Can/Could という単語はもともと「可能である」という意味を含んでいるから、正しく使っていたとしてもときどき joke に使われてしまう。例えばこんな風に。

A: Could I have more cake?

B: I don't know. Could you?

A はもちろん「もっとケーキをもらっていいかしら？」と聞いている。だけど B はわざと「私、ケーキをもっと食べることができたのかな？(物理的に可能だったのか、という意味。お腹に入れることができただろうか、という感じ)」と A が尋ねたと解釈をして「知らないわ、そんなことできたの？」と答えているんだ。え、面白くない？　よくあるパターンの joke なんだけどダメか。

じゃ、こんなのはどう？　これも有名。男性は女性のもとにひざまずいて言う、

A: Could you marry me?

B: Yes, I could. But I wouldn't.

男性は「結婚してもらえませんか？」と言う。それを女性はわざと「私と結婚をすることは可能でしょうか？」と男性が尋ねたととらえてこう答える。「はい、可能です。でもしません」男性にはきつい joke だよね。でもこっちの方が面白いかな。ただし結婚のプロポーズでは Could you ...? という聞き方はあまり一般的ではない（英語としてはまったく間違ってはいない）。Will you marry me? という言い方が一番多い。

例文は**文法も間違っていないし、とても polite な言い方**だ。だから**自信を持ってどこででも笑顔で使ってほしい**。ということで、そろそろ終わりにしようかな。May I?（よろしいですか？）

ネイティブに聞いてみたよ～♪

May I have more cake?
って言われたらどう？

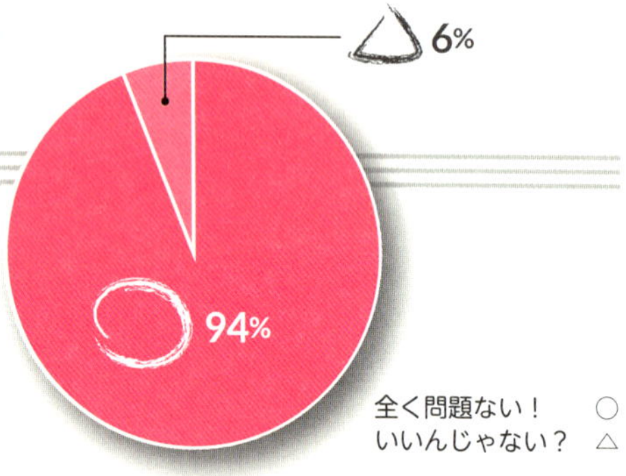

「フレーズ自体は全く問題ないのよ。でも、あなたのせいで食べ損ねる人が出ない？　そこ、確認してから頼んでね。最後に please って付けるともっと印象が良くなるかも」
（アメリカ人・女性）

アンケートに協力してくれたみんな、
Thank you very much!

あとがき ―― Thank you very much! ――

この本は要するに、**心を込めて話をすればそれで大丈夫、もしも１度目は伝わらなくても、笑顔と元気を持ってもう１回言ってくれたら、それで伝わります**、という内容です。

原稿の下読みをしてくれた人になんだかマンガみたいな文だね、と言われたけれど、僕はマンガを読まないので、それがどういう意味なのかよく分からない。でも、分かりやすいという意味ならいいなぁ、と勝手に思っている。感想や励ましを編集部宛てに送ってくれるとうれしい！

最後まで読んでくれて、どうもありがとう！

本当はちゃんと通じてる！　日本人エイゴ

発行日　2016年6月10日（初版）
著者　カン・アンドリュー・ハシモト

編集　英語出版編集部
校正協力　挙市玲子

アートディレクション：森 敏明（ロコ・モーリス組）
本文デザイン：園辺智代
イラスト（表紙／本文）：小野寺奈緒

DTP：株式会社 明昌堂
印刷・製本：シナノ印刷株式会社

発行者：平本照麿
発行所：株式会社アルク
〒168-8611 東京都杉並区永福2-54-12
TEL：03-3327-1101　FAX：03-3327-1300
Email：csss@alc.co.jp　Website：http://www.alc.co.jp/

PC：7016034
ISBN：978-4-7574-2810-2